U0634233

现代教育与学校教学研究

薛麦然 ◎ 著

吉林出版集团股份有限公司

图书在版编目（CIP）数据

现代教育与学校教学研究 / 薛麦然著. — 长春：
吉林出版集团股份有限公司，2024.4
ISBN 978-7-5731-4691-5

Ⅰ．①现… Ⅱ．①薛… Ⅲ．①现代教育－教育研究
Ⅳ．①G40-06

中国国家版本馆 CIP 数据核字（2024）第 060138 号

现代教育与学校教学研究

XIANDAI JIAOYU YU XUEXIAO JIAOXUE YANJIU

著　者	薛麦然
责任编辑	曲珊珊
封面设计	林　吉
开　本	710mm×1000mm　　1/16
字　数	200 千
印　张	13.75
版　次	2024 年 4 月第 1 版
印　次	2024 年 4 月第 1 次印刷

出版发行　吉林出版集团股份有限公司

电　话　总编办：010-63109269

　　　　　发行部：010-63109269

印　刷　廊坊市广阳区九洲印刷厂

ISBN 978-7-5731-4691-5　　　　　　　　　　定价：78.00 元

前　言

人类由工业社会进入信息社会，信息社会对教育的影响是革命性的，教育信息化、大数据、物联网、云计算、移动互联技术、人工智能技术、虚拟现实技术为教育提供了有力的技术支持。微课（慕课）、翻转课堂、高效课堂、研创式教学、智慧教育等新的教育形态对教育提出了更高的要求。现代教育技术作为当代教育、教学改革的"制高点"和"突破口"，对教育思想、教育观念、教学内容、教材形式、教学方法和手段、教学模式、教学理论乃至教育体制都将产生深刻的影响。对于未来从事各级、各类学校教师职业的师范生（包括研究生）以及所有在职教师而言，加强现代教育技术的教学和培训显得尤为重要。

实施素质教育，就是全面贯彻党的教育方针，以提高国民素质为根本宗旨，以培养学生的创新精神和实践能力为重点，造就有理想、有道德、有文化、有纪律的德智体美劳全面发展的社会主义事业的建设者和接班人。同时，现代教育技术是运用现代教育理论和技术，通过对教学过程和资源的设计、开发、应用、管理和评价，将教学现代化的理论运用到教学工作的实践中去。现代教育技术有利于实现教学形式的多样性，提高整个教学的质量和效率。因此，研究现代教育教学理论和现代教育技术，将素质教育充分渗透和体现在教育教学中，培养学生综合素质是一个值得深入探讨的问题。

本书可以作为教育技术学专业教师、学生的工具书或培训资料使用，也可以作为教育技术理论与实践研究爱好者的参考用书。希望本书的出版可以促进教育技术朝着更加广阔的领域迈进。

由于时间和精力有限，书中难免存在缺陷与不足，敬请广大读者批评指正。

薛麦然

2023 年 12 月

目　录

第一章　现代教育概述

第一节　现代教育的概念与分类

一、概念

关于现代教育，不同的人有不同的界定。有人从外部条件入手，把现代教育界定为："适合现代生产体系、现代经济体系、现代文化体系、现代科学技术、现代社会生活方式的教育概念、形态和特征。"[①] 有人从内部因素看问题，将其界定为："教育者以大生产性和社会性相统一的内容，把受教育者社会化为能适应现代生产力和生产关系相统一的现代社会的人的活动。"[②]

现代教育可以表述为"从资本主义大工业和商品经济发展起来到共产主义完全实现这一历史时期的、致力于与生产劳动相结合、培养全面发展的人的教育"[③]。该定义力图揭示现代教育的共性。

实际上，不同的文化传统、社会制度和不同发展阶段的现代社会都会以自己的独特个性来表现和实现这一共性。从这个意义上说，资本主义的现代教育与社会主义的现代教育，英国的现代教育与美国的现代教育既有共同的趋势又有不同的特色。现代教育是一个复杂的、多样的、动态的综合与统一的概念。

[①] 王万涛：《现代教育学基础》，电子科技大学出版社 2017 年版。
[②] 王万涛：《现代教育学基础》，电子科技大学出版社 2017 年版。
[③] 钟祥：《教育》，贵州大学出版社 2019 年版。

二、现代教育模式分类

（一）普通教育

中国的普通教育分义务教育和高等教育，义务教育主要指中小学教育，高等教育指普通高校教育，不包括艺术院校。

（二）职业教育

职业教育是指对受教育者实施可从事某种职业或生产劳动所必需的职业知识、技能和职业道德的教育，包括职业学校教育和职业培训。

1.职业学校教育是学历性的教育，分为初等、中等和高等职业学校教育。其中，职业高中、技工学校、中专等学校教育属于中等职业学校教育，学生毕业经考核合格颁发的是相应层次的学历文凭。

2.职业培训是技能型的教育，包括从业前培训、转业培训、学徒培训、在岗培训、转岗培训及其他职业性培训，一般分为初级、中级、高级职业培训。侧重实用性的职业知识、技能、能力的培训和训练，学员毕业考核鉴定合格颁发的是职业培训证书、资格证书等。

（三）成人教育

成人教育是一个有组织的教育过程，不论其内容、水平、方法如何，不论是延续或是取代学校和大学进行的初步教育还是在企业的学徒训练，通过这个教育过程，社会成员中的成年人得以增长能力、丰富知识、提高技术和获得专业资格，使他们在参与社会经济和文化活动时拥有更强的适应能力和竞争能力。成人教育分为成人高考、高教自考、远程教育。

成人高考：属国民教育系列，列入国家招生计划，国家承认学历，参加全国招生统一考试，各省、自治区统一组织录取。成人高等学历教育分为三种：专科起点升本科（简称专升本）、高中起点升本科（简称高起本）、高中起点升高职（高专）（简称高职、高专）。

高教自考：对自学者进行的以学历考试为主的高等教育国家考试，是个人自学、社会助学和国家考试相结合的高等教育形式，是我国社会主义高等教育体系的重要组成部分。其任务是通过国家考试促进广泛的个人自学和社会助学活动，推进在职专业教育和大学后继续教育，造就和选拔德才兼备的专门人才，提高全民族的思想道德、科学文化素质，适应社会主义现代化建设的需要。

远程教育：是采取多媒体方式进行系统教学和通信联系的教育形式，将课程传送给校园外的一处或多处学生的教育。现代远程教育则是指通过音频、视频（直播或录像）以及包括实时和非实时在内的计算机技术传送课程的教育。现代远程教育是随着现代信息技术的发展而产生的一种新型教育方式。计算机技术、多媒体技术及通信技术的发展，特别是因特网（internet）的迅猛发展，使远程教育手段有了质的飞跃，成为高新技术条件下的远程教育。现代远程教育是以现代远程教育手段为主，兼容面授、函授和自学等传统教学形式，多种媒体优化组合的教育方式。

（四）艺术教育

美育的根本目的是培养全面发展的人。艺术教育承担着开启人的感知力、理解力、创造力，使人的内心情感和谐发展的重任。常说的艺术教育是指专门的艺术院校进行的专业艺术教育，教学以艺术启发为主，传授文化知识为辅。

第二节　现代教育特征

一、基本特征

现代教育是在商品经济占主导地位、现代科技高度发展、高度的社会化大生产条件下产生发展的，因而形成了一些基本特征。

1.商品性

现代教育是在商品经济发展并日益普遍化条件下产生、发展起来的，与商品经济有一定联系，在我国社会主义初级阶段，教育应主动适应市场经济体制。但教育不能商品化，教育本身不是商品。

2. 生产性

古代学校的主要职能是在政治方面，即所谓"学而优则仕"，学生都是奔着考取功名做官去的。而从事传统的手工工具生产，是不需要经过学校教育的。现代生产建立在现代科学技术基础上，要使科学技术转化为现实生产力，劳动者就必须接受学校教育。现代生产和现代科技都要求教育与生产劳动相结合，要求高校教学、科研、生产一体化。

3. 科学性

现代科学技术正在向社会有机体全面渗透，不仅生产劳动科学化，日常生活也日益科学化，因而，学校教育内容以科学技术教育为最主要方面。当代重视 STS 教育，即把科学、技术、社会三者看作一个整体，研究其相互关系，并引入学校教育。

4. 民主性

接受学校教育和参与学校教育被看作现代公民的权利和义务。教育普及性、群众性，成人教育的迅速发展，传统教育向终身教育的发展以及教育过程中师生间民主平等的关系等，都体现了民主性。

5. 发展性

现代教育更重智力发展，重视人的各方面的潜能，包括右脑潜能的开发，重视人的个性发展。

二、现代教育的其他特点

拥有前所未有的新手段。日益显示出整体性、开放性。教育功能扩展和增强，教育的社会地位逐步发生根本变化。

第三节　现代教育的核心

现代教育的核心是科学教育，教育的内容及教育的方法也是科学的，没有科学教育就没有现代教育。与科学教育相对立的是宗教教育或建筑在信仰基础上的教育。科学教育在本质上不同于经验性的教育或限于见闻和感性活动的常识教育，它打破了之前的所谓文雅教育或古典文化教育的局限。现代教育要求学生系统地学习科学知识，包括基础学科和相关的专业科学知识，学习和掌握综合（基本）技术和相关的专门技术，进行动手和实践能力的训练，培养追求真理、探索、创新、献身科学为人类造福的科学精神。教育方法遵循科学的认识论，理论联系实际，重视理论，重视观察、实验、操作和社会实践。

一、科学教育

科学教育深厚的社会历史实践基础在于社会生产和社会生活越来越科学化，依赖于科学技术又为科学技术的变革和发展提供沃土。马克思主义创始人科学地揭示了生产力由体力、生产经验和技艺逐步转化为科学技术的历史过程的规律。正是科学技术把教育与生产劳动联结起来，没有科学技术就没有现代的教育与生产劳动相结合。同样，没有科学技术的教育就没有个人的全面发展。因为科学技术是强大的生产力，是认识和改造世界、创造新生活的强有力工具。培根说："知识就是力量"[1]，个人掌握了科学技术，就意味着提高、增强了他的力量，在客观世界面前取得更多的主动权和自由。这正是马克思讲的个人自由、充分、独创的发展即全面发展的精神实质。

1.几种教学方法

（1）微格教学法

微格教学法（Microteaching）又称小型教学、微型教学，是美国斯坦福大

---

[1]　（英）弗兰西斯·培根：《培根随笔》，李秀云译，上海译文出版社 2022 年版。

学在 1963 年推出的一种新型的师资训练方法。它旨在训练师范生的技能和提高在职教师的基本教学技巧。20 世纪 70 年代后，这种师资培训方法迅速在全美流行，而且影响到西欧、加拿大、澳大利亚等地区和国家。现在，这种模式的效果已为世界发达国家所广泛承认，其运用范围已从师范院校向成人教育、职业技术教育、教育管理等领域发展。发展中国家也开始接受、学习这种模式，可以说，作为师资培训的一种新模式的微格教学，目前已为全世界所接受。微格教学是一种缩小的教学，它是一个将复杂的教学过程分解成许多容易掌握的具体单一的技能，并对每一技能提出训练目标，在较短时间内对师范生或在职教师进行反复训练，以提高受训者教学技能的师资培训模式。

微格教学模式具有以下特征：

①班级人数少。组织微格教学课堂要根据原教学班的人数灵活掌握，一般一个组只有 7~9 名学生，而且学生可以频繁地调换，轮换扮演教师、学生和评价员角色，以保证每个学生都有充分的机会得到训练和个别指导。

②上课时间短。每次上课的时间很短，通常在 10~20 分钟之间，完成预定教学计划。在这期间集中训练某一单项教学技能，以便在较短的时间内掌握这项技能。

③教学内容短小。在微格教学模式中，教学内容被分解成一项一项的教学技能，每次上课只训练一种技能或某一个侧面，有时候这个侧面是非常具体的，这样，教学内容就必然少了。

④运用视听设备。微格教学的一个重要特征是运用现代录像设备将教学技能培训实践记录下来，使受训者获得其教学行为的直接反馈，并运用慢速、定格等手段在课后进行反复讨论、分析。视听设备的运用使师资培训方式从师徒学艺的经验型转变成有目的地进行某一技能培训的科学型，故微格教学模式又称作录像反馈教学培训法。

⑤心理负担微小。由于上课时间短，教学内容少，且班级人数不多，即使试教失败也不会对扮演学生的人产生不良影响，也不必为影响学校的正常教

学而担心。这样可以使受训者的紧张感减少到比较弱的程度，增加自信心与成功感。

（2）模块化教学

近年来，随着我国经济由"计划"转向"市场"及我国教育从"应试教育"向"素质教育"的转轨，模块化教学模式以其灵活性、针对性、现实性、经济性的特点，越来越受教育理论工作者及各类职业技术学校的关注。一种新的教学模式的应用和推广，必然涉及教材、师资、教学设备等配套设施的建设。

模块化教学的具体方式：

①划分小组。小组人数以 3~6 人为宜，推选组长。组与组之间大体上要平衡。控制小组成员的变量很多，如学习者的学习成绩、知识结构、认知能力、认知方式等。教师必须对学生做深入细致的调查研究，如学生的思想表现、各科的入学成绩、家庭背景、性格爱好乃至交朋结友等都应心中有数。教学一般采用互补方式，如成绩好的学生与成绩差的学生相搭配，既有利于差生的转化，又有利于促进优等生的灵活变通，即所谓"教学相长"。不同知识结构的学生相搭配，可以取长补短，相互借鉴；不同认知方式的学生相搭配，在各自发挥其优势的情况下，相互学习，使认知风格"相互强化"。

②确定内容。一节课的教学目标、教学内容，需要通过完成一项或几项具体的任务融合到教学过程中，从任务中引出教学目标，使学生产生学习知识的兴趣。一项好的任务是完成教学目的的关键，要把知识与技能、过程与方法、情感态度与价值观三个维度的目标融入任务中，使任务有利于学生个性的发展。教师要认真研究"新课标"，分析教材，确定教学的目标、内容、重点、难点、疑点，找准教学的切入点，要考虑学生的心理特征和兴趣爱好，以便确定相应的任务。

③布置任务。确定要完成的任务后，教师要向学生具体详细地讲清任务，充分调动学生学习的积极性。学生认清了自己要完成的任务后，如果觉得对此力所能及，便自然愿意去完成。

④学生实施。教学组织者、实施者是教师，教学的指挥、调度仍掌握在教师手中，要让学生知道怎么做，指导学生想办法、找出路，特别是对有困难的学生要给予必要的指导，使每个学生都能顺利完成任务。这一阶段，教师是"指导者"、学习伙伴和"导航者"，学生在亲切友好、和谐平等的气氛中进行知识、技能的意义构建。

⑤评价结果。学生完成任务之后，教师要展示其作品，进行讨论、总结、评比，使教材内容得到进一步强化。各小组学生代表要依次对完成的任务发表见解，其他小组提问或发表自己的看法，由老师或小组负责人进行总结，最后，由老师评价。评价包括学生对知识的掌握程度、运用知识解决新问题的能力以及学生在活动中的表现等，注意多褒奖，少贬低，以激发学生进行下一轮学习的兴趣。

（3）任务驱动式教学法

任务驱动教学虽然得到了广泛的研究和实践，但由于缺乏系统的理论层面上的提升，这种"营养"上的先天不足导致负面影响日益显露，如任务的庸俗化、任务分类不清晰、教学目标片面化、教学评价简单化等，最终导致"学习"被误解为"应付任务"。任务驱动教学本质上应是通过"任务"来诱发、加强和维持学习者的成就动机。成就动机是学生学习和完成任务的真正动力系统。任务作为学习的桥梁，"驱动"学生完成任务的不是老师也不是"任务"，而是学习者本身，更进一步说是学习者的成就动机。因此，任务并不是静止和孤立的，它的指向应是学习者成就动机的形成，即任务是一个由外向内的演化过程，是以成就动机的产生为宗旨的。"任务驱动"就是通过"任务内驱"走向"动机驱动"的过程。

①认知驱动是将认知内驱力作为核心动力驱动的学习。认知内驱力是在实践和学习的过程中，经过多次实践获得成功，体验到需要得到满足后的乐趣，逐渐巩固最初的求知欲，从而形成一种比较稳固的学习动机。因此，在任务驱动教学过程中，引导学生认清任务的轮廓、所蕴含的目标指向和目的意义（对学习和生活的作用和影响）就显得非常重要了。在任务学习的过程中以及任务

完成后，教师还要及时地加以引导和总结，使这种认识更加清晰化和深刻化。需要注意的是，它应该是贴近学生学习和生活经验的，应该是学生通过努力能够实现的。教师要努力创造条件引导学生完成任务，但不可越俎代庖、过多干涉，否则，学生无法真正体验到成功的快乐。还有一个重要方面，就是要保护学生的好奇心，提高学生发现问题和提出问题的勇气，鼓励学生自主探究完成任务。

②自我提高驱动是由自我提高的内驱力作为核心动力驱动的学习。自我提高的内驱力是个体因为自己的学习能力或工作能力而赢得相应地位的需要。自我提高的内驱力与认知内驱力不一样，它并非直接指向学习任务本身，而是把成就看作是赢得地位与自尊心的根源。显然，它是一种外部动机。在任务驱动教学过程中，可以通过"学习能手"的评选、学习小组组长的更换、个人或小组间的作品竞赛等，以物质和精神奖励等方式来激发学生自我提高的内驱力，因为这些手段可以使学生体验到荣誉感、自尊心，体验到学习的"成功"与"失败"。此外，失败（学习任务未能完成或完成得很不理想）对自尊是一种威胁，也能促使学生在学业上做出长期而艰巨的努力。但是不可以走极端，要合理调控任务难度，不至于让学生在任务驱动教学过程中屡遭失败而过度焦虑，丧失自尊心和自信心。当然，过分强调自我提高的内驱力也是不恰当的，如果学生的学习动机主要着眼于取得个人的名誉、地位，就会影响对学科学习的社会价值的认识，不会产生持续而深入学习的愿望。

③附属驱动是由附属内驱力作为核心动力驱动的学习。附属内驱力是一个人为了保持长者们（如家长，教师等）的赞许或认可而表现出来的把学习和工作做好的一种需要，是一种外在动机。比如，因为完成任务过程的杰出表现而受到教师的表扬和同学的赞许，从而努力学习来更好地完成任务。这种动机的激发具有两个条件：第一，学生与长者在感情上具有依附性，长者是学生长期追随和效仿的榜样，受学生敬重。因此，信息技术教师在日常生活和教学中应该注意自身修养和形象塑造，成为学生心目中可以信赖和值得尊重的老师。第二，学生从长者方面所博得的赞许或认可（如被长者视为可爱的、聪明的、有发展前途的人，而且受到种种优惠的待遇）中将获得一种派生的地位，如赢得

其他同学的羡慕等。因此，教师在任务驱动教学过程中要善于适时发现和表扬学生的优点（如有些学生富有创意，有些人的动手能力强，而有些学生可能在小组协调、组织方面有特长等等）。到了儿童后期和青年期，附属的内驱力不仅在强度上有所减弱，而且开始从父母转向同龄伙伴，来自同伴的赞许成为第二个强有力的激发附属内驱力的因素。教师应当培养学生之间相互尊重、相互欣赏、相互学习的风气，有利于在和谐的师生关系中共同成长。虽然任务驱动教学不可能排除"被动"，但这不能成为教师和任务"驱使"的理由，教育的起点和终极目的都是学习者的"自主"和"自动"，任何其他因素都不能取而代之。

2. 以环境和社会背景为重心的教学模式分析

（1）支架式教学（Scaffolding Instruction），是指通过支架（教师的帮助）把管理学习任务逐渐由教师转移给学生，最后撤去支架。教师作为文化的代表引导学生逐渐内化和掌握那些能使其从事更高认知活动的技能，学生获得这些技能后可以更多地对学习进行自我调节。支架式教学的环节是：搭脚手架→进入情境→协作学习→效果评价。

（2）抛锚式教学（Anchored Instruction），又称情境性教学、实例式教学和基于问题的教学。这种教学要求建立在有感染力的真实事件或真实问题的基础上。确定这类真实事件或问题被形象地比喻为"抛锚"，因为一旦这类事件或问题被确定，整个教学内容和教学进程也就被确定了（就像轮船被抛锚固定一样）。抛锚式教学的主要目的是使学生在一个完整、真实的问题背景中，产生学习的需要，并通过学习共同体中成员间的互动、交流，即合作学习，凭借自己的主动学习、生成学习，亲身体验从识别目标到提出和达到目标的全过程。总之，抛锚式教学是使学生适应日常生活、学会独立识别问题、提出问题、解决真实问题的一个十分重要的途径。现代建构主义认为，学习者要想完成对所学知识的意义建构，即达到对该知识所反映事物的性质、规律以及该事物与其他事物之间联系的深刻理解，最好的办法是让学习者到现实世界的真实环境中去感受、去体验（即通过获取直接经验来学习），而不是仅仅聆听别人（例如教师）关于这种经验的介绍和讲解。由于抛锚式教学要以真实事例或问题为基础（作为"锚"），所以有时也被称为"实例式教学"或"基于问题的教学"。抛锚式教学的环节是：创设情境→确定问题→自主学习→协作学习→效果评价。

（3）随机通达教学（Random Access Instruction），又称随机进入教学。斯皮罗等人根据高级学习的基本知识，提出同一问题的学习要在不同时间多次进行，每次的情境都是经过改组的，而且目的不同，分别着眼于问题的不同侧面。这样便于学习者形成对概念的多角度理解，并与具体情境联系起来，形成背景性经验。随机进入教学的环节是：呈现基本情境，随机进入学习，思维发展训练，小组协作学习，学习效果评价。

（4）基于问题的学习模式（Problem Based Learning），是指把学习置于复杂的、有意义的问题情境中，通过让学生以小组合作的形式共同解决问题，学习隐含于问题背后的知识，形成解决问题的能力，发展自主学习和终身学习的能力。它是以学生为中心、以问题解决为中心的教学方法。整个教学过程围绕问题的解决进行，学生在学习过程中进行分组和协作，在教师的帮助下，组织多种形式的学习活动，通过多种形式获取信息，形成问题解决的方案，并以作品展示等方式对问题解决和学习成果进行表达。随着不断的研究和实践，基于问题的学习也受到基础教育界的重视，并逐渐在中小学教学中得到应用。基于问题的学习模式的环节是：创设情境，提出问题；界定问题、分析问题、组织分工；探究、解决问题；展示结果、成果汇总；评价，总结与反思。

（5）范例教学法（Case Teaching Method），其源自德国。20世纪80年代，范例教学法开始在我国传播，有着较广泛的应用。范例教学法是以典型范例为中心的教与学，使学生能够依靠特殊（范例）掌握一般，并借助这种一般独立地进行学习。从教学的方法论意义上讲，范例教学法首先要求根据学科理论体系整理出包括基本概念、基本定理、基本理论和应用在内的典型范例进行教学。从教学目的意义上讲，则要求在有限的教学时间内，组织学生进行"教养性学习"，即让学生从选择出来的、有限的典型范例中，主动获得一般的、本质的、规律性的东西，进而借助于一般原理和方法独立学习。范例教学法的环节：掌握"个"的阶段，探索"类"的阶段，理解规律的阶段，获得关于世界和生活经验的阶段。

虽然上述五种教学模式形式不同，但是又有其共性，即它们的教学环节中都包含有情境创设、协作学习、师生交互，并在此基础上由学习者最终独立完成对所学知识的意义建构。

二、现代教育的理念

以人为本的理念。21世纪的今天，社会已经由重视科学技术为主发展到以人为本的时代，教育作为培养和造就社会所需要的合格人才以促进社会发展和完善的崇高事业，自然应当全面体现以人为本的时代精神。因此，现代教育强调以人为本，把重视人、理解人、尊重人、爱护人、提升和发展人的精神贯注于教育教学的全过程、全方位，它更关注人的现实需要和未来发展，更注重开发和挖掘人自身的禀赋和潜能，更重视人自身的价值及其实现，并致力于培养人的自尊、自信、自爱、自立、自强意识，不断提升人们的精神文化品位和生活质量，从而不断提高人的生存能力和发展能力，促进人自身的发展与完善。鉴于此，现代教育已成为增强民族凝聚力的重要手段，成为综合国力的基础并日益融入时代的潮流之中，倍受人们的关注与重视。

全面发展的理念。现代教育以促进人的自由、全面发展为宗旨，因此，它更关注人的发展的完整性、全面性、宏观上，它是面向全体公民的国民性教育，注重民族整体的全面发展，以大力提高和发展全民族的思想道德素质和科学文化素质、提高民族的知识创新和技术创新能力、增强包括民族凝聚力在内的综合国力为根本目标；微观上，它以促进每一个学生在德、智、体、美、劳等方面的全面发展与完善、造就全面发展的人才为己任。这就要求人们在教育观念上实现由精英教育向大众教育、由专业性教育向通识性教育的转变，在教育方法上采取德、智、体、美、劳等五育并举、整体育人的教育方略。

素质教育的理念。现代教育扬弃了传统教育重视知识的传授与吸纳的教育思想和方法，更注重教育过程中知识向能力的转化工作及其内化为人们的良好素质，强调知识、能力与素质在人才整体结构中的相互作用、辩证统一与和谐发展。针对传统教育重知识传递、轻实践能力，重考试分数、轻综合素质等弊端，现代教育更加强调学生实践能力的锻造，全面素质的培养和训练，主张能力与素质是比知识更重要、更稳定、更持久的要素，把学生综合素质的培养与提高作为教育教学的中心工作来抓，以帮助学生学会学习和强化素质为基本教育目标，旨在全面开发学生的诸种素质潜能，使知识、能力、素质和谐发展，提高人的整体发展水准。

向创造力教育转变。因为知识经济更加彰显了人的创造性作用，人的创造力潜能成为最具有价值的不竭资源。现代教育强调教育教学过程是一个高度创造性的过程，以点拨、启发、引导、开发和训练学生的创造力才能为基本目标。它主张以创造性的教育教学手段和优美的教育教学艺术来营造教育教学环境，以充分挖掘和培养人的创造性，培养创造性人才。现代教育主张，完整的创造力教育是由创新教育（旨在培养学生的创新精神、创新能力与创新人格）与创业教育（指在培养学生的创业精神、创业能力与创业人格）二者结合而形成的生态链构成。因此，加强创新教育与创业教育并促进二者的结合与融合，培养创新、创业型人才成为现代教育的基本目标。

主体性理念。现代教育是一种主体性教育，它充分肯定并尊重人的主体价值，宣扬人的主体性，充分调动并发挥教育主体的能动性，使外在的、客体实施的教育转换成受教育者主体自身的能动活动。主体性理念的核心是充分尊重每一位受教育者的主体地位，"教"始终围绕"学"来开展，最大限度地开启学生的内在潜力与学习动力，使学生由被动地接受性客体变成积极的、主动的主体和中心，使教育过程真正成为学生自主自觉的活动和自我建构过程。为此，它要求教育过程要从传统的以教师为中心、以教材为中心、以课堂为中心转变为以学生为中心、以活动为中心、以实践为中心，倡导自主教育、快乐教育、成功教育和研究性学习等新颖活泼的主体性教育模式，以点燃学生的学习热情，培养学生的学习兴趣和习惯，提高学生的学习能力，使学生积极主动地、生动活泼地学习和发展。

个性化理念。丰富的个性发展是创造精神与创新能力的源泉，知识经济时代是一个创新的时代，它需要大批具有丰富而鲜明个性的个性化人才来支撑，因此催生出个性化教育理念。现代教育强调尊重个性，正视个性差异，张扬个性，鼓励个性发展，允许学生发展的不同，主张针对不同的个性特点采用不同的教育方法和评估标准，为每一个学生的个性充分发展创造条件。它把培养完善个性的理念渗透到教育教学的各个要素与环节之中，从而对学生的身心素质特别是人格素质产生深刻而持久的影响力。个性化理念在教育实践中首先要求创设和营造个性化的教育环境和氛围，搭建个性化教育大平台。其次在教育观念上提倡平等观点、宽容精神与师生互动，承认并尊重学生的个性差异，为每一位学生个性的展示与发展提供平等机会和条件，鼓励学习者各显神通。最后在教育方法上，注意采取不同的教育措施施行个性化教育，注重因材施教，实现从共性化教育模式向个性化教育模式转变，给个性的健康发展提供宽松的生长空间。

开放性理念。当今时代是一个空前开放的时代，科学技术的日新月异，信息的网络化及经济的全球化使世界日益成为一个更加紧密联系的有机整体。传统的封闭式教育格局被打破，取而代之的是一种全方位开放式的新型教育。它包括教育观念、教育方式、教育过程的开放性，教育目标的开放性，教育资源的开放性，教育内容的开放性，教育评价的开放性等等。教育观念的开放性即指民族教育要广泛吸取世界一切优秀的教育思想、理论与方法为我所用；教育方式的开放性即教育要走国际化、产业化、社会化的道路；教育过程的开放性即教育要从学历教育向终身教育拓宽，从课堂教育向实践教育、信息网络化教育延伸，从学校教育到社区教育、社会教育拓展；教育目标的开放性即指教育旨在不断开启人的心灵世界和创造潜能，不断提升人的自我发展能力，不断拓展人的生存和发展空间；教育资源的开放性指充分开发和利用一切传统的、现代的、民族的、世界的、物质的、精神的、现实的、虚拟的等各种资源用于教育活动，以激活教育实践；教育内容的开放性指教育要面向世界、面向未来、面向现代化设置教育教学环节和课程内容，使教材内容由封闭、僵化变得开放、生动并更具现实包容性与新颖性；教育评价的开放性指打破传统的单一文本考试的教育评价模式，建立起多元化的更富有弹性的教育评价体系与机制。

多样化理念。现代社会是一个日益多样化的时代，随着社会结构的高度分化，社会生活的日益复杂和多变，以及人们价值取向的多元化，教育也呈现出多样化发展的态势。首先表现在教育需求多样化，为适应经济社会发展的要求，人才的规格、标准必然要求多样化；其次表现在办学主体多样化，教育目标多样化，管理体制多样化；再次表现在灵活多样的教育形式、教育手段，衡量教育及人才质量的标准多样化等等。这些都为教育教学过程的设计与管理提出了更高的要求与挑战，它要求根据不同层次、不同类型、不同管理体制的教育机构与部门进行柔性设计与管理，它更推崇符合教育教学实践的弹性教学与弹性管理模式，主张为教育事业的发展提供更加宽松的社会政策法规体系与舆论氛围，以促进教育事业的繁荣与发展。

生态和谐理念。自然物的生长需要良好的自然生态环境，人才的健康成长同样也需要宽松和谐的社会生态环境的滋润。现代教育主张把教育活动看作是一个有机的生态整体，这一整体既包括教育活动内部的教师、学生、课堂、实践、教育内容与方法诸要素的亲和、融洽与和谐统一，也包括教育活动与整个育人环境设施和文化氛围的协同互动、和谐统一，把融洽、和谐的精神贯注于教育的每一个有机的要素和环节之中，最终形成统一的教育生态链，使人才健康成长所需的土壤、阳光、营养、水分、空气等各种因素产生和谐共振。所以，现代教育倡导"和谐教育"，追求整体有机的"生态性"教育环境建构，力求在整体上做到教学育人、管理育人、服务育人、环境育人，营造出人才成长的最佳生态区，促进人才的健康和谐发展。

系统性理念。随着知识经济的来临及学习化社会的到来，终身教育成为现实。教育成为伴随人一生的最重要的活动之一。因而，教育不再仅仅是学校单方面的事情，也不仅是个人成长的事情，而且是社会进步与发展的大事，是整个国民素质普遍提高的事情，是关乎精神文明建设及两个文明协调发展的全局性、战略性大业，它是一项由诸多要素组成的复杂的社会系统工程，涉及许多行业和部门，需要全社会普遍参与和共同努力。所以，与传统教育不同，转型时期我国正在形成的是一种社会大教育体系，它需要在系统工程的理念指导下进行统一规划、设计和一体化运作，以培养人们的学习能力、提升人们的生存和发展能力为目标，以实现社会系统内部各环节、各部门的协调运作、整体联动为基础，把健全教育社会化网络作为构成教育环境的中心工作来抓，促进大教育系统工程的良性运行与有序发展，以满足学习化社会对教育发展的迫切要求。

三、现代教育技术

现代教育技术是以计算机为核心的信息技术在教育教学中运用的理论与技术。运用现代教育理论和技术，通过对教学过程和资源的设计、开发、应用、管理和评价，以实现教学现代化的理论与实践。

1. 起源

中国现代教育技术的发展起始于 20 世纪 20 年代，也可称之为电化教育。当时电化教育活动中使用的幻灯、电影等媒体比原始口耳之学以及后来的印刷媒体用于教学，其传播方式跃进了一大步，属现代教育技术的范畴，但这还不是完整意义上的现代教育技术，只是现代教育技术发展的初级阶段。

2. 概念

现代教育技术与教育技术名称的不同在于现代教育技术加上了"现代"二字，要弄清它的概念，我们必须先弄清"现代"的含义。中文关于"现代"的解释是：现在这个时代。英文解释有两种：一是"Modem"，译为：近代的，现代的；现代风格的，新式的，现行的，时髦的。二是"Contemporary"，译为：发生，存在；生存或产生于同一时期；同一瞬间发生的；自始至终同时存在的；源出同一时代的；当代的或仿佛当代的，现时的。

可见，由于对"现代"这个词的理解不同，对现代教育技术的理解也不同，归纳起来主要有两种：一种指新出现的教育技术，与之对应的是传统教育技术，这种理解强调对传统的革新。另一种指正在使用的教育技术，包括传统教育技术和新出现的教育技术。

由于第二种提法的范围比第一种广泛，本文把第一种称为狭义理解，把第二种称为广义理解。对于我们所指的现代教育技术是从广义上理解还是狭义理解这个问题？中国专家做出了如下解释：

解释1

现代教育技术是把现代教育理论应用于教育、教学实践的现代教育手段和方法的体系。包括以下几个方面：

（1）教育教学中应用的现代技术手段，即现代教育媒体。

（2）运用现代教育媒体进行教育、教学活动的方法，即媒体教学法。

（3）优化教育、教学过程的系统方法，即教学设计。

解释2

教育技术涉及范围比较广泛，几乎包括教育系统的所有方面，现代教育技术仅涉及教育技术中与现代教育媒体、现代教育理论以及现代科学方法论——信息论、系统论、控制论等有关的内容。

解释3

与一般意义上的教育技术学相比较，现代教育技术学更注重探讨那些与现代化的科学技术有关联的课题，如先进的电声、电视、电脑系统及其教学软件，而这些系统的开发和利用又是与现代化的科学方法，与信息论、控制论、系统论的指导是分不开的。

解释4

所谓现代教育技术就是以现代教育思想、理论和方法为基础，以系统论的观点为指导，以现代信息技术为手段的教育技术（现代信息技术，主要指计算机技术、数字音像技术、电子通信技术、网络技术、卫星广播技术、远程通信技术、人工智能技术、虚拟现实仿真技术及多媒体技术和信息高速公路）。它是现代教学设计、现代教学媒体和现代媒体教学法的综合体现。是以实现教学过程、教学资源、教学效果及教学效益最优化为目的。

解释5

所谓现代教育技术，就是运用现代教育理论和现代信息技术，通过对教与学过程和教学资源的设计、开发、利用、评价和管理，以实现教学优化的理论和实践。

总结

上述5个解释，尽管表述不同，但它们都强调利用新技术来实现教育教学的优化。第1、2种解释对现代教育媒体的理解一般基于电化教育概念中的解释，即现代教育媒体指电子技术媒体，可见它们是从狭义角度解释"现代"的；第3、4种解释明确提出，现代教育技术关注的是近几十年新出现的技术；第5种解释是作为现代教育技术的定义提出的，并未给现代信息技术作更多的说明，但1998年李克东教授在给华南师大电教系研究生关于《教育技术基础理论研究》专题讲座中指出，应用于教育的现代信息技术包括：

（1）模拟音像技术；（2）数字音像技术；（3）卫星广播电视技术；（4）计算机多媒体技术；（5）人工智能技术；（6）互联网通信技术；（7）虚拟现实仿真技术。可见，解释5仍然把重点放在新技术的应用方面。

定义

教育技术的确切定义，各种文献中引用较多的有两种：一种是上海教育出版社1990年出版的《教育大辞典》，它定义教育技术为："人类在教育活动中所采用的一切技术手段的总和，包括物化形态技术和智能形态技术两大类。"另一种是美国教育传播与技术学会（AECT，Association Educational Communications Technology）1994年发布的定义："教育（教学）技术是对学习过程和学习资源进行设计、开发、运用、管理和评估的理论与实践。"

AECT新定义：教育技术是通过创造、使用、管理适当的技术性过程和资源，以促进学习和提高绩效的研究与符合伦理道德的实践。由定义可以看出，现代教育技术一方面更加强调现代的信息技术，比如计算机、多媒体、网络技术、人工智能、虚拟现实等新媒体技术的应用，另一方面，它并不忽视或抵制传统媒体技术的应用。

3. 内涵

归纳这两个权威性的定义，可从三方面来理解教育技术的内涵。

（1）教育技术是教育过程中所用到的各种物化手段。从最基本的黑板、粉笔、文字教材、教具、投影仪、幻灯机、电视机、有线与无线扩音系统、视频展示台到多媒体计算机。CAW闭路电视教学网络系统、计算机双向传输交互网络系统等都是教育技术的硬件组成部分。

（2）教育技术又是经过精心选择和合理组织的学习教材，这些学习教材应当满足社会和学生个人学习的需要，还必须符合认知规律，适合学生的学习。这是教育技术的软件组成部分。

（3）教育技术还是设计、实施和评价教育、教学过程的方法。诸如夸美纽斯的直观教学法、赫尔巴特的四段教学法以及中国古代教育家孔子所提倡的启发式教学法等各个阶段、各个时期的教育、教学方法。这也是教育技术的一个组成部分。

所以，包含教学手段的硬件、软件和方法组成的系统是完整的教育技术的概念。换句话说，教育技术是教学硬件、软件和教学方法组成的系统。

4. 特征

（1）现代教育技术以信息技术为主要依托，是涵盖信息技术的教育技术手段组成的系统。教育、教学过程实质上是信息的产生、选择、存储、传输、转换和分配的过程，而信息技术正是指用于上述一系列过程的各种先进技术的应用，包括微电子技术、多媒体技术、计算机技术、计算机网络技术和远距离通信技术等方面。把这些技术引入到教育、教学过程中，可以大大提高信息处理的能力及教与学的效率。

现代科学技术的发展突飞猛进，使得各种媒体所拥有的信息资源大幅度增加，包括期刊、论文、专利、图书、软件等，人们掌握知识的半衰期在不断缩短，人们好不容易积累起来的知识和技能很快会老化，丧失其原有的价值。因此，教与学的效率尤其显得重要。需要说明的是，传统的教育技术，即投影仪、幻灯机、电视机等硬件和与之相对应的教学软件及方法还是延用传统的说法为宜，即电化教育技术。

（2）现代教育技术更加强调培养复合型人才的观点。在教育目标的确定问题上，既要满足社会的需求，也要重视学生个人的需求，鼓励学生向复合型人才方向发展。所以，在教学内容的选择上、在教育方法的运用上和教育的形式上都要应用现代教育技术来实现对复合型人才的培养。

中国现代教育技术的研究主要有两个分支。一个是学院派，主要是一部分高校专门从事教育技术教学和研究的教授专家，他们大都注重理论研究，在理论基础的指导下关注教育技术的宏观研究，高瞻远瞩，居高临下。另一个是实用派，主要以闫平教老师为代表，注重现代教育技术在教学中的实际应用，几乎不涉及理论，只讲教学中的实战技巧和软件应用，应用中讲究灵活高效。

5. 特点

（1）从教学规律看

现代教育技术克服了传统教学知识结构线性的缺陷，具有信息呈现多形式、非线性网络结构的特点，符合现代教育认知规律。第一，从建造和形成认知结构方面，现代教育技术的教学系统是基于 M.R. 奎林（M.R.Quilian）的语义网络理论。人类的认知是一个层层相连的网状结构，这个结构中有节点、链等。各节点之间通过链的作用结成一个记忆网络。现代教育技术教学结构从最初的知识节点出发，呈网状分在的知识链结构中，形成一种多层次的知识结构。这是一种以人类思维方法组织教学信息的学习环境，学生可以根据自己的实际能力、学习需要来安排学习。显然，传统教学知识结构的线性化，不仅限制了多层次、多角度地获得知识信息，而且只能按照教师的教学计划来完成学习。第二，在认知过程方面，现代教育技术教学符合加涅的认知学习理论，该理论揭示人类掌握知识、形成能力的阶梯式发展过程。传统的职业技术教育教学过程，尤其是理论教学部分，是由感知教材、理解教材、巩固与运用知识几个环节顺序连接的，形成的时间周期长，学生的记忆易于淡化，这是不利于阶梯式发展过程形成的。而现代教育技术则把感知、理解、巩固与运用融合为一体，使学生在较短时间内记忆得到强化，可以有效地促进个体主动参与认知结构不断重组的递进式学习过程。

（2）从教学模式看

现代教育技术教学系统既是一个可以进行个别化自主学习的教学环境与系统，同时又是能够形成相互协作的教学环境与系统。不论是传统的电化教育手段，还是多媒体教学系统组成的现代教育技术教学系统，输入与输出手段的多样化使其具有很强的交互能力。多种学习形式交替使用，可以最大限度地发挥学生学习的主动性，从而完成自主学习。与网络技术相结合的多媒体教学系统还可以使学生与学生之间、学生与教师之间跨越时空的限制进行互相交流，实现自由讨论式的协同学习，这显然是传统教学模式无法与之相提并论的。

（3）从教学内容看

现代教育技术可以集声、文、图、像于一体，使知识信息来源丰富，且容量大，内容充实，形象生动而更具吸引力。它可以为学生创造一个宽阔的时域空间，既可以超越现实时间，生动地展示历史或未来的认知对象，又能够拓宽活动范围，将巨大空间与微观世界的事物展示在学生面前加以认知。应用现代教育技术教学系统改变了传统教学方式，使学生占有的时空不断扩大。而传统教学方式则依靠文字教材和教师的课堂讲课，强调教学过程由近及远、由浅入深、由具体到抽象的原则。

（4）从教学手段看

现代教育技术的教学系统主要是指多媒体教学系统。多媒体教学系统强调以计算机为中心的多媒体群的作用。从根本上改变了传统教学中的教师、教材、学生三点一线的格局，学生面对的不再是单一枯燥无味的文字教材和一成不变的粉笔加黑板的课堂，而图文并茂的音像教材、视听组合的多媒体教学环境与手段和在网络、远距离双向传输的教学系统。所有这一切使得传统教法中抽象的书本知识转化为学生易于接受的立体多元组合形式，使得教学过程与教学效果达到最优化状态。学生在整个学习过程中，充分利用视觉与听觉功能，对大脑产生多重刺激，从而使学习效果显著提高。

四、现代学校教育制度的形成

现代学校教育制度指各级各类学校的系统及其管理规则，各级学校性质、任务、入学条件、修业年限以及它们之间的关系。

（一）现代学校教育制度的类型

1. 西欧双轨制

西欧双轨制以英国的双轨制为典型代表，法国等欧洲国家的学制都属这种学制。它的学校系统分为两轨，一轨是学术教育，为特权阶层子女所占有，学术性很强，学生可升到大学以上。另一轨是职业教育，为劳动人民的子弟所开设，属生产性的一轨。两轨之间互不相通，互不衔接。这种学制不利于教育的普及。

2. 美国单轨制

美国的现代学制最初也是双轨制，但是美国在历史上没有特权阶层，学术性的一轨没有充分的发展，而群众性的新学校迅速发展起来，从而开创了从小学直至大学、形式上任何儿童都可以入学的单轨制。这种学制有利于教育的普及，但教育参差不齐、效益低下、发展失衡，同级学校之间教学质量相差较大。

3. 苏联分支型学制

沙皇俄国时代的学制属欧洲双轨学制。1917 年"十月革命"后，苏联也制定了单轨学制，但与美国的单轨制不同，这种学制既有上下级学校间的相互衔接，又有职业技术学校横向的相互联系，形成了立体式的学制。所以，它是介于双轨学制和单轨学制之间的分支型学制，也被称为中间型学制或"Y"型学制。这种学制试图融会单轨制与双轨制之长，兼顾公平与效益：既有利于教育的普及，又使学术性保持较高水平。

（二）现代学校教育制度的变革

1. 从纵向学校系统分析，双轨制在向分支型学制和单轨学制方向发展，综合中学（完全中学、初级中学并轨）双轨并轨与义务教育，综合中学与现代中等教育并行发展。

2. 从横向学校阶段来看，每个阶段都发生了重大变化：

（1）幼儿教育阶段

幼儿教育提前结束，加强与小学的联系。

（2）小学教育阶段

小学无初高之分，年龄提前，年限缩短，与初中衔接。

（3）初中教育阶段

初中延长，普通教育中间阶段，小学、初中合并。

（4）高中教育阶段

三种类型学制，区别最大。

A. 高中教育阶段，高中阶段教育结构多样化

西欧高中——大学预备教育

苏联高中——大学预备、普及高中文化科学知识教育

美国综合高中——大学预备、普及高中教育、职业教育

B. 职业教育阶段

古老学徒制教育——现代职业教育

文化科学技术基础越来越高，层次类型多样化

C. 高等教育阶段

高等教育特点是多层次、多类型。

（三）我国现行学校教育制度

1. 我国现行学校教育制度的形态

学前教育、初等教育（全日制小学）、中等教育（全日制普通中学、各类中等职业学校、业余中学）、高等教育（全日制大学、专科学校、研究生院和业余大学）

2. 我国现行学校教育制度的改革

1）1985 年教育体制改革

（1）加强基础教育，实施义务教育。

（2）调整中等教育结构，大力发展职业技术教育。

（3）改革高等教育招生与分配制度，扩大高等学校办学之路。

（4）对学校教育实行分级管理。

2）国家教委 1993 年《中国教育改革和发展纲要》

（1）20 世纪末教育发展总目标：两基、两全、两重。

（2）调整教育结构。

（3）改革办学体制。

（4）改革高校招生和毕业就业制度。

（5）改革和完善投资体制。

3）现行学制改革

（1）适度发展学前教育。

（2）切实普及义务教育。

（3）继续调整中等教育结构。

（4）大力发展高等教育结构。

五、现代学校教育制度的类型

现代教育学校制度主要有三种类型：一是双轨学制，二是单轨学制，三是分支型学制。原来的西欧学制属双轨学制，美国的学制属单轨学制，苏联的学制则是分支型学制。

（一）双轨学制

18—19 世纪的西欧，形成了欧洲现代教育的双轨学制：一轨自上而下，其结构是——大学（后来也包括其他高等学校）、中学（包括中学预备班）。另一轨自下而上，其结构是——小学（后来是小学和初中）及其后的职业学校（先是与小学相连的初等职业教育，后发展为和初中连接的中等职业教育）。

（二）单轨学制

北美多数地区最初都曾沿用欧洲的双轨学制。从 1870 年起，逐步形成了美国的单轨学制。美国单轨学制自下而上的结构是：小学、中学，而后可以升入大学。其特点是一个系列、多种分段，即六三三、五三四、四四四、八四、六六等。单轨学制最早产生于美国，后被世界许多国家所采纳。

（三）分支型学制

学制前段（小学、初中阶段）是单轨，后段分叉，介于双轨学制和沙皇俄国时代的学制之间，属欧洲双轨学制。"十月革命"后，苏联型学制。

单轨学制之间的分支型学制。苏联型学制的中学，上通（高等学校）下达（初等学校），左（中等专业学校）右（中等职业技术学校）畅通，这是苏联型学制的优点和特点。

六、现代教育的发展趋势

现代教育特别是"二战"以后的教育制度，呈现出共同发展趋势。

（一）加强学前教育并重视其与小学教育的衔接

幼儿教育是进入学校教育前的教育，称作学前教育。它是为学校教育的生活和学习打基础的。学前教育对儿童未来的发展有着积极的意义。为了使学前教育顺利地过渡到小学教育，越来越多的国家注意到要加强学前儿童入学的准备，使他们在进入一种新的学习活动前具备一定的发展条件。

（二）强化普及义务教育，延长义务教育年限

义务教育是国家用法律形式规定，对一定年龄的儿童和少年免费实施的某种程度的学校教育。

义务教育也称强迫教育，是适龄儿童和少年必须接受的，国家、社会、学校、家庭必须予以保证的国民教育，它具有强制性、普遍性和基础性的特点。

（三）普通教育与职业教育朝着相互渗透的方向发展

普通教育主要是以升学为目标，以基础科学知识为主要教学内容的学校教育；职业教育是以就业为目标，以从事某种职业或生产劳动的知识和技能为主要教学内容的学校教育。普通教育学校的学生社会适应能力相对较差，而职业教育学校的学生在科学文化素质上又有所欠缺。因而，普通教育和职业教育开始朝着相互渗透的方向发展，综合中学的比例逐渐增加，出现了普通教育职业化、职业教育普通化的趋势。

（四）高等教育的类型日益多样化

随着社会生活的丰富多样化和高等教育的大众化，传统的以学术性为标准的单一大学逐渐发生变化。在形式上，不同学制、不同办学形式的学校纷纷出现；在内容上，基础性的、应用性的、工艺性的学校各显特色；在入学目的、教科文评价的方法上也多种多样。高等教育在保持学术性的同时，逐渐大众化，以适应现代社会生活的多变性。

（五）学历教育与非学历教育的界限逐渐淡化

随着一次性教育向终身教育的转变，以获得文凭为受教育目的的倾向逐渐

减弱,通过教育补充知识、丰富人生的目的越来越强,社会教育的程度越来越高,学历教育与非学历教育的界限逐渐淡化。

（六）教育制度要有利于国际交流

现代交通、通信技术的发展,使得世界日益缩小,国际文化的交流越来越重要,也越来越现实,这就要求各国的教育制度要有利于国际间的交流,增强学制、学位、学分等互通性。

七、发展前景

首先,社会教育的服务对象将急剧扩大,从为少数人服务扩大到为全体公众服务。从以城市为主,扩大到全体城乡。从事社会教育的人员和机构将急剧增加,社会教育占整个教育事业的比例将迅速扩大,成人教育与其他教育形式都将把社会教育作为重点领域。

其次,社会教育的内容将日益丰富,从单纯专业知识技能向多领域、多学科扩大。随着我国社会经济发展步伐的加快,人民生活水平不断提高,越来越多的社会成员的生活从温饱进入小康。人们将更多地把时间和精力用于提高自身的精神生活质量,学习的目的将不再局限于应付职业的要求,而是转为丰富自己的精神世界。成人教育的任务将由主要以学历教育和岗位培训为主转为主要以社会教育为主。

第三,社会教育的机构也将从主要由正规成人教育机构向全社会办社会教育的方向发展。随着教育事业的发展,全社会对教育工作的地位和作用已经有了新的认识,社会教育不再只是学校教育部门的事情,社会各部门都有责任和义务为社会成员提供教育服务。例如,研究所可以向对科学研究感兴趣的公众开放,军营可以招收短期的夏令营学员,动物园可以举办动物知识讲座等。

第四,社会发展一方面增加了人们的休闲时间,另一方面也增加了人们了解社会、学习知识的需求,这两方面的因素都对社会教育提出了新的要求。同时,社会教育的社会功能也将随着社会教育的普及日趋扩大,人们将越来越多地感受到社会教育对日常生活的影响，感受到社会教育在提高人们生活水平方面所发挥的重要作用。

第二章 现代教育主要理论

任何教育理论的形成和发展都有其自身的社会历史背景，而知识经济、信息化、全球化是 20 世纪 80 年代以来最具有时代意义的社会历史背景。在这种背景下，世界各国都在思考教育应该如何应对这种变化。终身教育、学习化社会、以人为本等教育理论的形成和发展都是这种思考的结果。终身教育、学习化社会在世界各国未来发展蓝图的规划中占据着十分重要的地位。终身教育从人类个体纵向的时间拓展角度出发加以构建，而学习化社会则是以人类整体的横向空间延展为标准的一种目标和理想。终身教育与学习化社会之间并非相互割裂，而是紧密相关的。以人为本教育理论的形成和发展，反映了当前人们对教育本质的认识重新回归到"人"这一主题上来。促进每位学生的发展是教育的最终目的。伴随着这些教育理论的产生，人们开始逐步探索如何在教育实践中贯彻这些教育理念，从而掀起了我国教育实验研究的新高潮。主体教育、情感教育、创新教育等实验便是其中的代表。这些教育实验的开展对我国教育尤其是基础教育的发展产生了很大的影响。

本章以知识经济化、信息化、全球化的发展为背景，从宏观的角度对 20 世纪 80 年代以来的现代教育理论发展进行考察，着重介绍终身教育、学习化社会、以人为本等教育理论，并分析教育理论对教育实践产生的影响，目的是使学习者了解当前教育理论发展的状况，拓宽研究视野，充分认识到教育研究的重要性，形成面向现代化、面向世界、面向未来的教育改革观、开放观和多元观，从而在教育实践中唤醒"主体意识"，使理论的学习与自身的实践在主体活动中有机统一。

第一节 终身教育理论

一、终身教育的基本概念

针对传统学校教育的封闭与局限，终身教育的出现使得教育体系更富有灵活性也更具有生命力。终身教育是指人们在一生各阶段当中所受各种教育的总和，是人所受不同类型教育的统一综合。包括教育体系的各个阶段和各种方式，既有学校教育，又有社会教育；既有正规教育，也有非正规教育。主张在每个人需要的时刻以最好的方式提供必要的知识和技能。尽管不同的研究者对终身教育有不同的理解，但主要的内涵基本上是一致的。

教育包括知识、经验和伙伴关系。正因为如此，它永远不会结束，同时也不是仅仅始于儿童和青少年时期，这说明终身教育远早于儿童时期，并延续人的一生。只有在生命终止时，一个人的教育才会完成。

虽然一些专家和国际组织给出的定义不尽相同，但所表达的终身教育内涵都包含持续性、连续性等。终身教育按照方向划分可以分为横向（空间）上的家庭教育、学校教育和社会教育，纵向（时间）上的婴幼儿时期教育、青少年时期教育、成年期教育和老年期教育。按照教育要素构成来划分可以分为正规教育、不正规教育和非正规教育；按照主体来划分可以分为个人教育和社会生活教育。

二、终身教育理论的历史脉络

终身教育的思想其实古已有之。伴随着人类历史的进程，它经历了古代起步期、近代形成期和现代成熟期等阶段，并发展成了当今世界重要的教育理论。

（一）史间萌芽——古代起步期

不管在国外还是国内，人类最早的教育活动均产生于人们的生活生产劳动过程中，积累经验后传播下去，没有专门的制度、限制人群和年纪限定等。

"自从地球上出现人类，终身教育就存在了"[①]，从东方到西方，都记载着终身教育，它与人类文明的历程共始终，与人类教育的脚步共进退。古代的教育活动具有终身教育的特征，处于终身教育的萌芽阶段。它体现在时间上的没有限定，如中华民族优秀民族品格的重要组成部分即"活到老，学到老"和古代阿拉伯民族总结的"从摇篮到坟墓"的教育观念等都蕴含着终身教育思想的某种胚芽，它也体现在空间上的开放性与没有限制。

比如说孔子曾经提出人"非生而知之"[②]，要终身不断地努力学习，日本终身教育理论研究者承认并认为孔子是东方发现和论述终身教育必要性的先驱者。古希腊哲学家、教育家、思想家柏拉图提出了重视胎教的问题，并且他还是西方教育史上第一个建立了从幼儿到成人完整教育体系的人。这与近代教育家夸美纽斯"从母腹到坟墓"的教育思想相统一。

同时，随着教育制度化的发展，以学校教育为主流，终身教育思想和实践被遮蔽，但其影响并未被磨灭。有学者表述："在制度化教育之外，人们也开始思考非制度化教育、非正规教育存在的可能性与现实性。因此，也可以说，现代终身教育思想诞生于制度化教育时代对一些非制度化、非体系化教育的探索中。"[③] 夸美纽斯大胆地预设了终身教育存在的必要性与可操作性。穆罕默德和欧文也都有终身教育的想法。

（二）舆论准备——近代形成期

终身教育思想产生于近代西方发达国家推行的学生教育实践活动中，尤其是欧美各国的实践，为其提供了发芽的土壤和成长的基础。法国近代教育理论的奠基人孔多塞认为："教育应该不限年龄，任何年龄学习都是有益的而且是

---

① 张忠华：《终身教育与学习化社会》，《继续教育研究》，2000 年第 1 期。
② 出自《论语》。
③ 约翰·阿摩司·夸美纽斯：《捷克教育家夸美纽斯谈教育》，关明孚译，辽宁人民出版社 2020 年版。

可能的。"①孔多塞的这一观点基本上接近现代的终身教育思想。而终身教育更具体的体现是在法国大革命胜利后不久，在国民议会一系列教育法案中，第一次强调终身教育必须通过"公共教育"，即"扩大教育机会、制定新的教育政策"等措施。

对终身教育思想具体的论述在英国1919年的学生教育委员会的《最终报告书》中首次出现。通过对现有"中等教育的民主化、大众化"的改革进程，设想"在义务教育年限的延长线上"来"实现作为继续教育的学生教育计划的扩充"。1946年法国宪法也规定："在任何阶段"实施"无偿的及非宗教的公共教育"都将被视为"国家义务"而得到保障。这说明20世纪在学生教育中关于终身教育的研究有一些突破和进展，虽然这种研究多半限于发达国家，但它对学生教育以及终身教育工作者的影响不可低估。

（三）出台实施——现代成熟期

随后，保尔·朗格朗在其出版的《终身教育引论》②中有条理地系统概述和完整诠释了终身教育思想，引起全球性影响，并指出其产生的时代背景包括：现代社会各种变化（思想、习惯、思维方式等方面变化）的加速、人口的增加、科学技术的进步、政治领域的挑战、快捷的传媒、余暇时间的增加、生活方式及人际关系间的危机（如时代的更迭，使既存的生活形式及传统的人际关系发生剧变等）、精神与肉体的不平衡（现代社会的种种变化，使人的精神和肉体的平衡性遭到严重破坏）。从此，朗格朗积极从事终身教育的理论指导和教育实践，使终身教育思想成为20世纪60年代以后一种国际性的教育思想。

随后，论述终身教育思想的又一著作联合国教科文组织1972年的报告《学会生存——教育世界的今天和明天》③问世，它进一步奠定了终身教育思想在当代教育世界的主导地位，并成为世界各国教育改革的指导原则。《学会生存》

---

① 孔多塞：《人类精神进步史表纲要》，何兆武，何冰译，生活·读书·新知三联书店1998年版。
② 郎格郎：《终身教育引论》，周南照，陈树清译，中国对外翻译出版公司1985年版。
③ 联合国教科文组织国际教育发展委员会编著：《学会生存 教育世界的今天和明天》，华东师范大学比较教育研究所译，教育科学出版社1996年版。

发表之后，终身教育的概念更为全面、清晰、具体，促使终身教育由一种思想转为各国主导的教育政策和普遍的教育实践。

三、终身教育的现状和展望

（一）现状：终身教育与全民、全纳教育，与终身学习、学习化社会

科学技术迅猛发展，学生教育得到肯定，终身教育成为学生教育的扩展或提升。它关注人的一生走向全面化。随着民主思想的广泛传播，各国开始提倡全民教育，将焦点集中于基础教育上，从基础教育出发，将学前教育、继续教育、扫盲教育等各种教育形式纳入全民教育体系中，以满足全体人民受教育的需要，提倡教育必须从传统的精英教育转向普及的大众教育。它关注全体的人，走向民主化。随后人权观念渐渐深入人心，全纳教育更加强调教育的个性化，关注个体的人，要求教育主动依据学生的不同需求进行调整，而不是让不同学生去适应预先设定的一成不变的教育模式。总体上，终身教育、全民教育、全纳教育思想涉及了每个人（全民教育）一生的（终身教育）个性化的（全纳教育）教育，体现了教育对每个人全面、民主、个性化的关怀。

终身教育侧重于教育的提供与服务，终身学习侧重于学习者个人内部的变化。终身教育强调把建立为所有公民开放的终身教育体系作为战略首选，终身学习更多地从个人的角度出发，强调具备终身学习的态度与能力以及人人参与学习的重要性。在具体的构想中，学习化社会要采取和终身教育、终身学习相同的战略选择，奉行开放先进的终身教育制度，提倡个人和集体自觉学习。

由于联合国教科文组织和国际其他机构的积极推广，终身教育理论现已在世界范围得到了广泛的普及和传播。但令人遗憾的是，这只是一个诱人的理想而已。因为就任何一个国家而言，任何一种跨越时代或者无视本国国情的终身教育政策都注定失败。虽然迄今为止关于建立统一且能适用于任何国家的终身教育政策尚不存在，或者说尚不具备建立的条件，但这并不等于不存在国际间

共同遵守或实践的理念以及原则。

（二）展望

终身教育的提出是建立在对传统教育观念批判的基础上的，它旨在改变传统教育带来的弊端，并使人与社会得到真正发展。因此，终身教育有它的合理之处与积极的意义，但同时，它也由于过于理想化在我国具有具体实施方面的困难，对此我们需要进行反思，研究制定相应的政策，促使终身教育与终身学习、学习型社会相互承继、融会贯通。

总之，不论是我国还是国外，终身教育都是一个值得重视的主题。终身教育从古代生产中的交相授受到现代的终身教育机构，经历了漫长的发展演进过程。在已成熟的理论前提下，它需要各国共同努力，需要人民积极去倡导并付诸实践。终身教育没有过时，也不能使人望而却步。

第二节　学习化社会理论

一、学习化社会思潮的形成与发展概述

（一）从终身教育转向终身学习

自 1965 年终身教育被联合国教科文组织正式提倡以来，作为一种全新的教育思想，终身教育理念已深入人心，并在全世界广泛流传与推广。但自 20世纪 80 年代以来，在一些有关终身教育的文献与资料中，经常出现"终身学习"的术语，有的国家甚至用"终身学习"来取代"终身教育"。这并不是一种偶然现象，而是人们认识上的深入。终身教育为何有逐渐被终身学习取代的趋势？主要有三个方面的原因：①随着对终身教育理念理解的深化，进一步充实和扩大概念内涵的呼声也越来越高。终身学习的概念主要是指"人在一生中所需要

的知识、技术，包括学习态度等应该如何被开发和运用的全过程"[1]。在这里，终身学习强调的是"有意义的学习"。这种特征更触及教育的本质。②终身教育与终身学习所关注的侧重点不同。前者的侧重点主要是教育的服务、条件与机会的提供，主要体现的是政府的行为；而后者的侧重点则是学习者自身的内部变化，更多地体现以学习者为主体的个体行为，这更符合当前教育所倡导的"以人为本"的理念。③教育功能的转换。近年来，"自我导向学习"理论逐渐盛行。这一理论强调，在任何场合，独立的终身学习活动都以自我为中心进行计划和实施，并以个人为主体进行自主的"学习管理"。由此可见，终身学习在概念的内涵、对象的主体性及教育功能的发挥上都超越了终身教育。终身学习更强调在学习者成为学习主体的基础上，变教育的"强制性"为支援和促进学习者独立的学习活动。终身学习体现的是以学习者为中心的教育新理念。终身学习概念的形成，其最终目标是要建立一个培养人、人性以及人生真正价值的学习化社会。

（二）学习化社会思潮的形成与发展

"学习社会"最早是由美国的教育家罗伯特·赫钦斯提出来的。1968 年，他出版了一部在学生教育领域中引起轰动的专著——《学习型社会》，提出了"学习型社会"的理念："所有成年男女，经常地为他们提供定时制的学生教育是不够的，除此以外，还应以学习成长及人格的构建为目的，并以此目的制定制度，以此制度来促使目的的实现，并由此建立一个朝向价值的转换和成功的社会。"[2] 此后，由联合国教科文组织所属的国际教育发展委员会于 1972 年公开发表了题为《学会生存——教育世界的今天和明天》的报告书，把"学习社会"作为未来社会形态的基本概念正式推出。与此同时，许多国家也纷纷以"面向学习社会的时代"为主题，积极开展包括文化、体育、娱乐及职业能力开发等内容在内的多样性学习活动。1996 年公开的第 25 届世界主要先进国家首脑会

---

[1]　联合国教科文组织国际教育发展委员会编著：《学会生存 教育世界的今天和明天》，华东师范大学比较教育研究所译，教育科学出版社 1996 年版。

[2]　（美）罗伯特·赫钦斯：《学习型社会》，林曾，李德雄，蒋亚丽等译，社会科学文献出版社 2017 年版。

议把"学习社会"思想的推广提高到一个新的高度。会议的最后宣言指出："我们确认，我们现今所处的社会和经济的发展将越来越需要'知识'，因此，构筑一个人人都具备必要的知识、技能和资格的'终身学习社会'将十分重要。也即教育和终身学习将成为传统的工业化社会向知识型社会转化过程中具有柔软性和适应性特征的一种'通行证'，而把这种'通行证'赋予每个个人则十分必要。"[①]

从以上推广和普及"学习社会"理念的过程可以清楚地看出，由赫钦斯首创的学习社会理论，作为现代终身教育思想在推广与深化过程中的一种新构想、新理念，已受到世界各国的广泛关注和重视，因为它符合现代社会的发展趋势。同时，它再次唤起了人们对"教育目的"的关心及对此问题的深度思考。

二、学习化社会理论的主要观点

（一）学习化社会的含义与特征

1.学习化社会的含义

所谓学习化社会，是指人们学习意识普遍化和学习行为社会化的一种新型社会形式。它意味着社会所有成员在一生的每个年龄阶段，都有可能利用国家、社会提供的各种教育设施和条件，并按照社会的要求和个人的意愿，去享受各种学习和训练机会。在这种社会里，学习活动和教育活动将发生变化。学习从无意到有意、从被动到主动，学习活动从个体扩大到群体，教育活动向学习活动转换，教育将从一种社会义务变为一种权利。

2.学习化社会的基本特征

（1）学习性

学习成为个人生活和社会生活的重要组成部分，各种社会组织和群体都成为"学习组织"。

---

① 本间政雄·高桥诚：《诸外国的教育改革》，日本行政出版社 2000 年版。

（2）主体性

学习化社会是一种以学习者为中心的社会形态，学习活动成为学习者自身需要的、主动的、自愿的活动。这充分体现出学习者的主体性地位。这种主体性特征所延伸出来的就是学习化社会和终身学习中学习方式的个性化。

（3）终身性

社会与人的发展变化无止境，学习活动存在于人的整个一生中。学习化社会从空间和时间上打破了传统教育中学校教育居于垄断地位的终极型教育形态，使整个社会成为教育责任的承担者，整个社会也就变成了一个教育化的社会。

（4）服务性

公民获得学习信息无障碍，学习无障碍，学习的途径、方法、手段多样，社会有组织地为公民提供各种学习机会和条件。

（二）赫钦斯的"学习社会"理论

作为"学习社会"理论的首创者，赫钦斯的思想对于我们理解和认识"学习社会"具有重要的启发作用。赫钦斯之所以推崇"学习社会"的理念，是因为他首先意识到，随着科学技术的发展，人类将逐渐从劳动的桎梏中解脱出来，从而进入一个充满闲暇时间的社会。其次，一旦生活在那样一种社会之中，如何支配这些闲暇时间则对人的自身发展至关重要。赫钦斯曾指出，这种闲暇社会一旦到来，可能出现两种"极端"的状况：一是人们虽然从劳动中获得了解放，并拥有了充分自由的闲暇时间，但如果不能有效地加以利用，那将很可能使这些时间白白地浪费，甚至还会给人带来困惑。二是当人类处在从劳动中解脱出来的未来社会时，人们可以充分利用闲暇时间，积极地从事使自身达到"贤、乐、善"的学习活动，并由此实现"人生价值的真正转换"。他认为，学习的目的不是获得经济上的利益，教育必须从单纯的职业获得和人才的养成中解脱出来。学习目的只有一个，就是"朝向人生真正价值目标的转换和实现"。赫钦斯强调，教育的根本目的不仅仅是经济的发展，而更应该关注人格的塑造和人性的完善。①

赫钦斯等人对"学习社会"的分析使我们清楚地看到，"学习社会"的本质不像我们通常所理解的那样，它不是一个单纯教育制度发达的社会或者人们迫于经济和职业上的压力而去追求功利性学习的社会。以赫钦斯为代表的"学习社会"理念，主张的是人从劳动中被解放出来的闲暇社会，是人们充分利用这些闲暇时间去提高人的自身价值和教养的社会。"学习社会"的最终目标着眼于以人自身的"贤、乐、善"为基本内容的"人生价值的真正转换"。

三、学习化社会对现有教育制度的挑战

（一）确立"终身学习权"的保障意识

"终身学习权"的观念是在 1985 年由联合国教科文组织召开的第四次世界学生教育大会的决议《学习权宣言》中提出的。"所谓学习权，应该理解为社会对个人，即使是学校毕业以后，也应对由他通过自己判断而提出的、要求贯穿于一生的学习自由予以保障。这一学习机会还应该是不拘年龄、不拘场所的，并且体现的应该是国家对个人学习权的保障。"如果基础教育只是为学习者提供教育的机会、内容的多样性，但缺乏学习权的保障，学习者没有可以选择学习自由的权利，那么，基础教育机会的提供也将成为一句空话。

要保障终身学习权，采取立法的措施最有效。在这方面，法国、德国、日本等一些发达国家已走在前面。这些国家都通过立法手段对人的终身教育和学习权利问题做了明确而详细的规定。这些教育发展趋势表明，作为权利和义务的终身教育的意义，已被越来越多的人认识。

（二）形成自主的学习观

传统的学习观认为，通过学习掌握一定的知识和技能，然后在此基础上谋取一定的职业，由此也就完成了人生整个学习的过程和目标。但是学习化社会

---

① （美）罗伯特·赫钦斯：《学习型社会》，林曾，李德雄，蒋亚丽等译，社会科学文献出版社 2017 年版。

理论则认为，在现代社会，学习已不再是人生某一阶段的活动，而是贯穿于人终身继续发展的课题。每个人都有继续学习的必要。作为一个生活在现代社会的人，在其生命的历程中，每时每刻都将遭遇各种挑战，特别是处在一个所谓全球化、信息化和知识经济的时代，社会的加速发展和变化，使知识更新的周期进一步缩短，而人们为了跟上时代发展的步伐，就有不断学习的需要和紧迫感。因此，从狭隘的服从于以谋取职业为手段和以升学为目标的传统学习观中解脱出来，转向建立一种以适应社会、适应人类自身发展的终身学习观，将是基础教育努力的方向和目标。

（三）改变传统的学校教育体系，实现教育一体化

要实现学校与社会的相互开放和合作，形成教育一体化，就横向而言，实现学校、家庭和社会三者之间的联系和沟通；就纵向而言，要求教育根据人的生理发展水平和实际，实现人生不同发展阶段教育之间的连贯。这种纵横交错的结合，就是学习化社会和终身学习所追求的目标，也是学习化社会和终身学习的应有之义。

第三节　"以人为本"的教育理论

现代教育应当是强调人、尊重人、推动人实现全面发展的教育，而这种内涵与"以人为本"理论所重视的思想具有较高的契合度，同时，也决定了"以人为本"理论在现代教育中的渗透，必然会体现出明显的价值。

一、"以人为本"理论是明确教学目标的重要依据

教育目标在学校教育和人才培养过程中发挥着指导性的作用，因此，明确教学目标，是有效开展教育活动的重要保障。现代教育是针对受教育人所开展的教育，而"以人为本"理论在教学目标制定中的渗透，能够让教育工作者所明确的教学目标更加符合教育的本质，即在尊重学生的基础上推动学生的成长

与发展。

在现代教育中，重视学生的发展，是为社会培养与输送优秀人才的重要保障，也是中国特色社会主义教育最为根本的价值取向。因此，从我国教育法律法规和政策性规定中能够看到我国教育主管部门对学生发展的重视，而这些法律法规的制定以及政策性规定的制定，都是以马克思主义中人的全面发展理论为基础的。从这些法律法规以及政策性规定的相同点来看，一是现代教育应当承认学生是一个具有智慧和情感的社会个体，二是现代教育需要重视推动学生实现生理与心理、非理智与智力的协同发展。而"以人为本"理论在现代教育中的渗透，是对马克思主义思想的延续，是推动学生全面发展的具体要求。因此，"以人为本"理论，不仅是现代教育中教学目标制定过程的重要依据，同时也是实现现代教育中教学目标的有效途径。

二、"以人为本"理论是选择教育内容与教育方法的重要准则

在现代教育活动开展过程中，确定教育目标是为了明确教育活动为培养人才服务，而教育内容与方法的选择则是为了明确怎样去培养人才。教育目标决定着教育内容的确定与教育方法的选择，在"以人为本"理论明确教学目标之后，教育内容与方法也应当重视对"以人为本"理论的掌握与贯彻，这要求教育内容的选择需要关注挖掘知识背后隐藏的人文思想，教育方法的选择则需要重视对学生主体地位的认知和尊重。教育工作不但需要重视学生知识的积累与技能的提升，更需要重视学生人格与品质的养成。如果仅仅关注知识的表象，则教育难以在学生人格与品质的养成中发挥出应有的作用。因此，在教育内容的选择中，不仅需要以提升学生智育水平为重要出发点，还要重视挖掘知识背后隐藏的人文思想与人文教育价值，从而在知识教育中更好地引导学生树立正确的"三观"，强化自身的社会责任感，并推动学生道德素养的发展。与此同时，在教育内容的选择中，教育工作者有必要重视人文学科的设置，避免为了应试而导致人文学科出现边缘化倾向，只有如此，教育才能够体现出全面性，也才

能够彰显出对学生综合素质发展的重视。在现代教育中，教育工作者需要重视学生的学习需求，引导学生更多参与到教学过程当中。在"以人为本"理论的指导下，现代教育工作能够更为重视学生的主体地位，学生在课堂中的发言权空间也能够得到有效拓展。特别是教师通过在教育过程中展现出对学生的人文关怀，更有利于良好师生关系的形成，这对于优化教育氛围、提升学生学习兴趣都能够发挥出重要的作用。

三、"以人为本"理论是教育指导和回归生活的重要推手

教育来源于生活，并与社会具有深层次的关联，也正因为如此，教育需要体现出与生活之间的关联，从而避免产生教育危机甚至社会文化危机。在教育过程中，需要引导学生在社会情境下开展知识养成与能力养成，否则教育活动就会变成"在岸上教学生游泳"的活动，从而失去教育的价值。在"以人为本"理论的指导下，教育工作能够更加关注教育与生活之间的关联，并更为关注学生所具有的生活情境、生活方式，从而推动教育回归生活。

在教育过程中，引导学生完成知识积累与技能提升，是教育所具有的基本功能，而引导学生学会体验生活并让学生生活变得更有意义，则是教育所具有的终极功能。学生是社会生活中的重要主体之一，同时也是教育活动中的重要主体之一，社会生活中包含着许多优秀的教育素材，这些素材对于学生知识的积累、能力的提升、健全人格的养成都能够发挥出不容忽视的作用。因此，无论是学生知识的积累，还是综合素质的提升，都要求发挥出社会生活的作用与功能。正因如此，许多教育领域中的专家与学者都提出让教育回归生活，其中我国著名教育家陶行知所提出的"生活即教育"的思想，对现代教育工作的开展仍旧发挥着重要的启示作用。这种思想主要包括三个层面的内涵：一是社会生活包含着教育所具有的意义。二是教育需要将社会生活当作中心并作用于社会生活。三是社会生活影响着教育内容、教育方式等多种教育元素，而教育则能够对社会生活做出一定的改变。在这种教育理念的影响下，现代教育需要走

出"读死书""死读书"的误区，推动生活成为教育的原点与终点，引导学生成为具备丰富知识且具备较高生活情趣的人。为此，在现代教育过程中，教育工作者需要重视对"以人为本"理论的学习与贯彻，不仅需要关注学生生活、尊重学生生活，而且有必要在学生生活中挖掘优秀的教育内容，并强化教育工作与社会生活之间的互动，从而推动学生在感受生活、体验生活的基础上成长为优秀的人。

四、"以人为本"理论是对教育进行评价的重要尺度

对教育进行评价，不仅包括对教育过程所开展的评价，也包括对学生成长所做出的评价，这些工作对于教育工作的优化以及学生的发展具有重要意义。在教育过程中，着眼于成绩与分数的做法偏离了教育所具有的本质目的。只有重视学生的发展，以"以人为本"理论为指导开展教育评价，才能够确保教育的价值得以彰显。

教育工作的目标在于推动人的发展，而教育评价工作的价值在于推动教育目标的实现，教育评价需要为教育目标提供服务而不能替代教育目标，更不能凌驾于教育目标之上。因此，教育工作中的所有流程都需要以重视人的参与以及推动人的成长为核心。在传统的教育评价工作中，以考试为主要手段的量化评价模式占据着重要的地位，同时，也让教育者以及受教育者产生了一种错误的习惯性思维，即考试成绩好就能代表学生学得好以及教师教得好。然而，在这种评价手段与评价思维的影响下，许多学生面临着繁重的学习压力，并产生了沉闷的学习情绪，这在很大程度上制约着学生个性的发展以及学生学习积极性的提升。因此，探索更为科学、更公平、更合理的评价方法与评价模式成为教育工作者必须面临的重要问题。在解决这个问题的过程中，教育评价不仅需要体现出对学生学习能力以及学习效果的关注，而且需要体现出对学生心理素质、实践能力以及健全人格的培养。与此同时，教育评价还应当发挥培养学生学习兴趣与学习自信的作用，强调学生参与教育评价过程。只有如此，学生所

具有的个性以及创新积极性才能够得到更好的发展。在构建这样的评价模式过程中，"以人为本"的理念必须得到良好的渗透与贯彻，教育评价工作者是否在评价工作中做到了"以人为本"，也应当是衡量教育评价质量不可或缺的重要尺度之一。

第四节　主体教育、情感教育与创新教育理论

一、主体教育的理论与实验

（一）主体教育理论的主要观点

1. 对"主体"的不同认识

主体教育的核心概念是"主体"。"主体"是与"客体"相对应的一个范畴。长期以来，教育理论界习惯将教学活动视为一种特殊的认识活动，主体教育理论最初也基于这一理论提出学生既是教育的主体，又是教育的客体。作为教育的客体，是培养、塑造的对象，是"对象"意义上的"客体"；作为教育的主体，是教育教学活动的积极参与者、承担者，是自身发展、自我教育的主体。

尽管如此，在关于教育教学活动主客体关系的讨论中，出现了许多不同的观点。

（1）学生主体说

"学生主体说"的倡导者认为，教育是一种活动，受诸多因素的影响，其中学生是教育活动发展的决定性因素，是内因，因而学生是教育的主体，在教育过程中，学生是唯一的主体，教师是为培养、发展和塑造学生这个主体服务的。教师只有在尊重学生主体地位的前提下，才能发挥应有的指导作用。

（2）主体—主导说

这种学说认为，学生主体是教师主导下的主体，教师的主导是对作为主体

的学生的主导。由于学生的学习是能动、独立的活动，学生必然是学习的主体。但学生的学需要教师的导。教师导的目的是促进学生的学，其出发点和归宿都是学生。

（3）双主体说

这种学说认为教师和学生都是教育教学的主体。承认教师在教学过程中起"主导"作用，实质就是承认教师的主体地位。教育过程难以用单纯的"主体—客体"模式来描述，教师与学生的关系是教育主体与受教育主体之间的关系，即主体间的关系。教师主体、学生主体与他们的共同客体（如教学内容、教学材料等）又构成"主体—客体"关系。

除了上述诸种教育主体性理论外，还有一些其他的学说，如分层主体说、复合主体论、轮流主客体论等。虽然"教师是教育的主体"的讨论未能取得一致的意见，但是"学生是教育教学活动的主体""教育应最大限度地发挥人的主体性"这一主体教育的宗旨得到了更多的重视和认同。

2. 对主体教育的不同界定

什么是主体教育？对这一问题的认识尚未达成一致。有人认为主体教育就是启发、发展和构建人的主体结构的一种教育活动，包括教育主体的主体性和教育活动的主体性。有人认为主体教育的内涵包括发展学生的主体性、弘扬教育者的主体性以及整个教育系统的主体性。也有学者认为，主体教育应以学生为出发点和归宿，其基本宗旨就是把年轻一代培养成学习和生活的主体，促使学生的主体性得到自我完善、自我发展，并在日后成为社会历史的主体。

还有的学者进一步从教育目的、师生关系等角度对主体性教育的含义进行了分析。从教育目的看，主体教育的基本思想就是要求教育者在教育过程中承认和尊重受教育者的主体地位和独立人格，把人的德、智、体、美的和谐进步以及个性的自由、全面发展作为核心内容，引导受教育者在教育活动中能动地、创造性地自主学习。从师生关系看，主体教育就是强调在教育过程中，教师发挥主导作用，学生主体依据认识规律进行学习、认识和实践，以提高、发展学生能动性、自主性和创造性。

3.对主体特征及其形成机制的认识

（1）主体性特征

许多学者对主体特征进行了相应的论述，虽然侧重点有所差异，表述也不尽相同，但自主性、能动性和创造性是被较多提及的三个特征。

自主性是指个人对于自己的活动具有支配和控制的权利和能力，表现为个体既成为自然和社会的主人，也成为自己的主人。能动性是指主体以一种选择和参与的态度，积极主动地认识客体和改造世界。能动性最主要的表现是主体对活动的选择，包括选择目标、方法、途径等。创造性的实质是对现实的一种超越，是主体性发展的最高表现和层次。

（2）主体的形成机制

人的主体地位和主体性不是天然具有的，而是通过自觉活动获得和确立的。人的主体地位和主体性也不是一蹴而就、一劳永逸的，而是随时面临着丧失和削弱的危险，需要不断地巩固、强化，并在新的基础上重新确立。

人的主体性主要是通过内在和外在的机制形成的。其中，内在机制指自然遗传机制，即个体通过遗传获得人类在漫长的进化过程中所形成的自然力，也获得人类在种系进化和发展过程中积淀出来的最原始的认知和行为图式。但遗传只能为个体获得主体性提供可能性，因此，个体主体性的形成还需要依靠外在机制。外在机制主要包括社会文化遗传机制、实践活动生成机制及教育。社会文化遗传机制是指个体受社会文化环境的影响和熏陶，接纳某些思维模式、行为方式和价值观念。实践活动生成机制是指个体通过劳动实践，把自己从自然界中提升出来，并在实践中产生自我意识，创造人类文化。只有在实践活动中，个体的主体意识才得以萌生，主体能力才得以不断增强。

（二）主体教育的改革与实验

主体性问题是20世纪80年代以来是中国学术界研究的热点问题，主体教育实验也因其研究人员多、研究范围广、研究成效显著而受到国内教育界的广泛关注。主体教育实验的发展可分为三个阶段。

1. 前主体教育实验阶段

在此阶段，综合、整体研究主体性的教育实验还没有产生，而围绕主体性某个方面进行研究的实验虽然陆续问世，但难以称得上是主体教育实验，只能说是"前主体教育实验"。其原因在于作为主体性教育实验指导思想的主体教育理论此时尚未形成，影响本阶段实验的主体教育理论是"学生是教育活动的主体"的理论。它始于顾明远于1981年提出的"学生主体"的概念，经对教学中的师生关系、"教育与人"等问题的学术讨论，演变为一种广泛的教育思潮。在其影响下，伴随着改革开放的进行及教育教学的改革深入，单因素的主体教育实验取得了一定进展，教育实验的水平也有一定的提高，改变了以前教育研究中注解"本本"、汇编"政策"的倾向，改变了过去教学研究中泛泛议论和描述经验的习气。

2. 主体教育实验的起步阶段

随着思想的解放，教育理论界重新开始活跃起来。《关于主体教育思想的思考》[①]等文章的发表，"主体教育思想探讨"等专栏的开辟，标志着主体教育理论正式形成。之后主体教育思潮逐渐形成，在教育理论界及实践界的影响也与日俱增，越来越多的教育实验以主体教育理论为指导思想，素质教育成为这一阶段实验的主题，并形成了单因素主体教育实验与多因素主体教育实验并举的格局。

3. 主体教育实验的发展壮大阶段

在此阶段中，实验的主题继续深化，实验的对象从小学生的主体发展扩展到中学生的主体发展，一些单因素主体教育实验也在较为具体的层次上实现了研究主题的提升，形成了横向联合的格局，实验科学化的探讨更加深入。

伴随着各种主体教育实验的深入，形成了理论与实践相互影响、相互促进、共同发展的局面。通过主体教育的改革与实践，在培养目标上，日益重视主体

---

① 王道俊，郭文安：《关于主体教育思想的思考》，《教育研究》,1992年第11期。

性品质，逐步将主体性品质作为儿童个性发展的核心部分。同时，根据主体性特征，分别从不同侧面培养学生的主体性。在教育教学过程中，更重视学生的主动参与、探究，变灌输式教学为发现式教学，强调儿童生动活泼的发展，变枯燥的教育为愉快的教育。

当然，有关主体教育的理论与实验研究并未结束，而是不断向前发展。培养学生的主体性是一个系统工程，因而教育改革也必将是一种全方位的整体改革。教育目的的构建，教育方针、制度的制定，都要围绕培养、发展儿童的主体性这一中心去运作。学校的教育教学活动、管理活动也都要为培养、发展儿童的主体性服务。

二、情感教育的理论与实验

（一）情感教育理论的主要观点

1. "情商说"的提出

长期以来，在心理学的理论中，智慧被理解为智力，而智力又仅仅是指人的认知能力。教育界也没有摆脱这种影响，智育成为认知教育。进入 20 世纪 90 年代以后，当代教育逐渐开始反思传统教育，尤其关注不重视培养学生的情绪智力的现状。与此同时，心理学的发展为弥补这种不足，提供了坚实的理论基础，情商理论的提出也成为现实。其中，多元智能理论的兴起，促使人们反思智力的本质，直接影响了情商说的提出。美国心理学家加德纳认为，人类个体有相对独立、自律的 7 种智能，即语言智能、音乐智能、逻辑——数学智能、空间智能、身体动觉智能、内省智能和人际智能。[①] 后两种智能成为情绪理论的直接来源。

情商说作为一种理论的提出以及实验，最早是由美国心理学家萨洛维和梅耶教授开创的。他们认为，情绪智力包含准确地觉察、评价和表达情绪的能力，接近并产生感情以促进思维的能力，理解情绪及情绪知识的能力，以及调节情

---

① 马丁·加德纳：《伪科学的时髦与荒谬》，乐爱国编译，上海文化出版社 1990 年版。

绪以助情绪和智力发展的能力。这种能力包括四个方面：①情绪的知觉、鉴赏和表达能力。②情绪对思维的引导和促进能力。③对情绪理解、感悟的能力。④对情绪成熟的调节，以促进心智发展的能力。

我国心理学家对情绪也有很多研究，其中郭德俊先生认为，人的情绪智力包括一系列相关的心理过程：准确地识别、评价和表达自己和他人的情绪；适应性地调节和控制自己和他人的情绪；适应性地利用情绪信息，以便有计划、创造性地采取激励行为。[①]

情商突出了教育的人本色彩，强调个体差异以及社会文化背景对于个人成长的重要性。它吸取了很多当代教育学、心理学研究的优秀成果，拓宽了智力的外延和内涵，从而使我们可以从新的角度来重新审视智力、情感、意志等心理因素，重新看待这些因素对人成长、发展的作用。

2. 情感优先论

我国学者朱小蔓认为，现在教育所提供的教学经验与学生的生活经验在质上和量上并不相通，教师以书本为中心，没有考虑学生的需要，使学习不能变成学生的生命方式。[②]一般来说，学生可能喜欢情感性的东西，但在学生那里，如果还以这种情感为主，可能就不合适了。一个人随着年龄的增长，其生命体验的方式就会具有理性的特征。根据这个规律，我们提出，基础教育的模式应该是情感优先的。学生的年龄越小，教材的情感内容应该越多，教师的教学方法就越要情感化，教师对学生的情感态度就越重要。这种理论强调，在基础教育阶段，人的发展重点应放在情感方面。

3. 情感认知发展协调论

这种理论认为，人的智慧包含了认知和情感两大因素。"智"有智慧的含义，智慧不仅是结构性的东西（知识结构、认知结构），而且是动力性的东西。情感与认知既有联系，又有区别。人的情感的产生和效用比认知要早。情感的反应方式是整体的、弥散的、非线性的，而认知却是逻辑的、线性的。情感是

---

① 郭德俊：《动机心理学：理论与实践》，人民教育出版社 2005 年版。
② 朱小蔓：《情感教育论纲》，南京师范大学出版社 2019 年版。

主体内心的体验，指向内部；而认知是对客观客体的判断，指向外部。人的大脑总是以整体的方式起作用的，因此，认知和情感不可能泾渭分明地起作用，它们不是大脑的两种实体性功能，只是大脑反应方式的两个向度。认知与情感总是相关发展的，忽视了其中之一，另一方的发展就会受到制约。

教育要发展人的智慧，智慧的发展指标不只是认知的，因此，教育实际上就是要让智慧中的知与情相互作用，相互提升。情感教育并不是排斥认知，恰恰相反，情感只有容纳认知才是完整的和有发展前途的。之所以强调要从情感的向度来认识教育，是因为当前的教育没有重视人的情感表现及其状况，没有把人的发展、提升看作重要的教育目标。同时，现有的认知教育也没有正确地利用人的情感，从而使人的认知和情感的发展大受影响。情感教育就是要发展、培植人的积极情感，充分利用人的积极情感，超越人的本能情感。

（二）情感教育的实验研究

1. 李吉林 [①] 的"情境教育"实验研究

情境教育主要是让学生在相互作用、和谐统一中得到全面发展，因为"情境教育"之"情境"实际上是根据素质教育目标创设的优化的环境。这种环境充满美感和智慧，与儿童的情感、心理会产生共鸣，从而使儿童带着热烈的情感主动地参与到教学过程中来。

在课堂教学中，情境教育通过艺术的直观与教师的语言描绘，连同教师的情感，形成一种美、智、趣的教学情境，并与亲、助、和的人际情景交融在一起，使儿童走进这样的课堂就觉得亲切，觉得轻松愉快，就特别想参与或者不知不觉地参与到教学过程中去，以致全身心地沉浸其中的境界。情境教育正是运用先进的教育理论，通过环境的作用，在课堂教学中激起儿童热烈的情绪，把儿童的认知活动与情感活动结合起来，有效地提高了基础教育的质量，促进儿童

---

① 李吉林（1938 年 5 月 -2019 年 7 月 18 日），出生于江苏省南通市，中共党员。1956 年毕业于江苏省南通女子师范学校，毕业后任教于南通师范第二附属小学。生前任江苏情境教育研究所所长。著名儿童教育家、情境教育创始人。李吉林因在教学、教育理论研究等方面的突出贡献，曾被国务院授予"全国先进工作者""全国劳模"、"全国三八红旗手"、"全国五一劳动奖章"等称号。2014 年，李吉林获得全国首届"基础教育国家级教学成果"特等奖第一名。2019 年 7 月 18 日 15 时 08 分，李吉林因病医治无效逝世，享年 81 岁。

个性得到充分发展。

李吉林从 20 世纪 70 年代开始，在小学语文教学领域进行情境教学的探索和研究。她从我国古代文论"意境"说中汲取养分，创设了情境教学的基本模式：以"美"为突破口，以"情"为纽带，以"思"为核心，以"练"为手段，以"周围世界"为源泉，创设典型场景，激起儿童热烈的情绪，把情感活动和认知活动结合起来。实验表明，情境教学能让儿童体验到学习的快乐、成功的喜悦，并能有效地培养儿童的读写能力，促使其心理品质协同发展。李吉林又将情境教学的理论和实践向整个小学教育领域拓展，开始情境教育的探索、研究和实验，确立了"拓宽教育空间，追求教育整体效益""缩短心理距离，形成最佳情绪状态""通过角色效应，强化主体意识""注重实际操作，落实全面发展教育目标"[①]等情境教育基本目标，并积极尝试开发情境课程。十几年来，情境教育实验已取得初步的成果并逐步深入发展。

2."愉快教育"的实验研究

愉快教育是以人的全面发展为基础，以儿童自身发展需求和儿童身心发展规律为依据，从情感入手，使儿童活泼主动地学习，是适合小学的一种素质教育模式。

20 世纪 80 年代中期，针对学生课业负担过重、学校片面追求升学率等问题，一些学校不约而同地开展了从儿童情感切入的愉快教育实验。

20 世纪 80 年代以后，愉快教育在理论上有了新的内涵，实践上又有了新的发展。在此之前，愉快教育是针对如何把小学生从沉重的课业负担下解脱出来提出的。随着社会的发展和科学技术的进步，今天人们的关注点越来越转向人自身，尊重人成为当代教育的一股重要思潮。因此，尊重人，尊重学生，包括尊重其人格、情感、潜能、个性和个体差异等，也成为愉快教育的重要特征而受到教育工作者的关注。再者，当代心理学关于人的潜能开发的研究，揭示了愉快的情感是人的认知与实践的动力机制。人们认识到，对于小学生来说，情感作用尤其有利于认知。

① 李吉林：《儿童情景学习课程体系及操作》，教育科学出版社 2018 年版。

这些愉快教育的教学实践，均把培养学生的学习热情和学习能力以及满足学生需要放在第一位，让学生在生机勃勃的课堂气氛中，充满自尊、自信，始终处于积极主动的状态，其着眼点是为学生走向社会打基础，为他们终身学习打基础。

3. "成功教育"的实验研究

成功教育提出于 20 世纪 80 年代中期，最初是针对学习困难学生相对集中的教学薄弱学校而实施的教育改革。成功教育的基本思想是相信每个学生都有成功的潜能和愿望，都可以取得成功。它改变以往学习困难学生反复失败的恶性循环，通过教师帮助学生成功、学生尝试成功，逐步达到学生自主成功。其主要特点有：①成功教育首先是要让学生建立自信心，让每个学生都有成功的希望。②成功教育在于让每个学生的潜能都能够得到发挥。人是有差异的，如果用一个标准要求所有的人，就不一定人人都能做到，但是每个人都有潜在的能力，只要把它充分发挥出来，就应该视为获得了成功。③成功教育是一种教育思想，不是固定的教育模式。成功教育的思想基础是相信每个人，这是一种正确的人才观、学生观和教育观。

三、创新教育理论的主要观点

（一）创新教育的本质

20 世纪 80 年代中期以来，在我国的教育界和实践界，"创新"和"创新教育"这两个概念频频出现，对基础教育产生了一定的影响。创新教育已经成为全面实施素质教育的应有之义。那么，何谓创新教育？创新教育的本质是什么？创新是人的本质特性；创新教育的使命就是发展人的创造潜能，培养人的创造素质；而人的创造活动与人的创造素质的培养是有规律可循的。所以，创新教育在本质上就是遵循人的创造活动规律和人的创造素质的培养规律，以培养创新性人才为宗旨的教育。

它的基本要义：

1. 全体性

创新教育的一个信念是每位正常儿童都有一定的创造潜能，都能通过适当的教育取得创造性的成绩，成为某一方面的创造性人才。因此，创新教育不是只面向少数人的精英教育，而是面向全体学生的全面发展教育。

2. 区别性

人的创造能力及其发展具有类型和层次的差别，这种差别是由先天因素和后天因素交互影响形成的。因此，对每个学生的创造性的发展，不可一概而论，不能用一个模式培养。

3. 创新性

不同层次和类型的学生，都有能力做出优异的成绩，主要的标志就是创新。创新是创新教育的灵魂。

4. 导向性

创新教育具有正确的社会价值理想和导向，其目标是培养符合现代化建设需要的人才。从本质上说，创新教育属于一种新的培养模式，是当今先进的教育理论与教育改革实践相结合的产物。

（二）创新教育的目标定位

创新教育把目标定位在"基础性"上，即以培养学生的创新素质为主。它主要包括：创新意识，使学生想创新；创新精神，使学生敢创新；创新思维，主要包括思维的敏捷性、变通性、精致性和独创性；创新个性，主要包括好奇、想象、挑战、冒险等品质；创新品德，主要包括勤奋、合作、理想、奉献等品质；创新美感，主要包括以美启智、以美诱创的能力和品质等；创新技法，包括一般创新心理活动技法和专门的创新技法。创新教育坚持以基础创新素质为主，同时也鼓励中小学开展发明创造活动，产生有创造性的思想观念、产品或作品。这种创造性的成果反过来有助于强化学生的创新性素质。

（三）创新教育与知识学习

创新教育在对待知识的态度上与传统教育截然不同。传统教育把知识作为教学的主要目的，把灌输知识作为主要方法。而创新教育则强调：知识是人创造的，前人所创造的知识只有通过个体创造性的转化才能成为创造财富的有效因素。教育的目的不是向学生灌输书本知识，而应着眼于开发和培养学生的创造潜能。

但是，创新教育并不排斥知识教育。首先，知识本身就是构成人的创新能力的基础，科学知识中包含着人类的创造性思维，对于人的智力发展来说，具有巨大的价值。其次，知识是精神成长和人格健全所不可缺少的。一个具有创新能力的人首先应是一个具有崇高理想和健全人格的人。创新教育要帮助学生树立正确的世界观、人生观、价值观，这些都需要通过知识教育来实现。最后，创新教育是基础教育，是全面的素质教育，必须完成义务教育阶段的教学任务，使全体学生具备基本的社会科学、自然科学、人文科学知识，为今后的人生奠定文化知识基础。

第五节 行为主义的教学理论

一、行为主义的渊源

行为主义（Behaviorism）源于20世纪初欧美的经典条件反射理论，发展于20世纪中期的操作条件反射理论，20世纪中后期受认知科学的影响，衍生出社会学习理论。行为主义的发展主要经历了两个阶段。

1.旧行为主义的发展阶段

1913年到1930年是旧行为主义阶段。旧行为主义的代表人物有苏联的巴甫洛夫、美国的华生和桑代克。下面概要地说明华生和桑代克的理论。

华生主张，行为主义作为一门研究行为的科学，必须研究那些能够用客观术语加以描述的行为。在他看来，行为是个体适应环境的各个反应系统，它是以刺激与反应的结合来表现的，通过对行为的客观研究，能预测已知刺激引起的反应，也能预测引起这种反应的先前刺激，形成著名的"刺激—反应"理论。他认为，行为是由言语器官活动所组成的习惯系统，分为有声言语和无声言语。有声言语是在婴儿生来具有的原始语声的基础上，经过学习发展起来的。之后在社会的影响下，儿童的有声言语转变成默语，最后发展成无声的言语。他指出，从有声言语到无声言语的发展是言语社会化的过程，也是无声语言思维形成的过程，思维本身就是一种无声言语。

桑代克建立了行为主义的学习理论。他用两个基本概念——联结和试误来解释什么是学习。他把行为分为先天的反应趋势和习得的反应趋势两类，本能是不学而能，是先天的联结，而习惯是学而后能，是后天的联结，学习过程是形成习得反应的过程。桑代克认为，包括人类在内的一切动物的学习活动，都是以尝试错误的方式进行的。在一种学习情境中，动物经过不断的尝试，对情境做出一定的反应，成功的反应得到满意的结果而被选择出来，失败的反应得到不安的结果被淘汰，最后，在某种反应和情境间形成了牢固的联结，这是一种渐进的、试误的行为过程。基于上述认识他提出了行为主义学习的三条基本定律：准备律、练习律和效果律。比如，通过练习逐渐形成和巩固刺激与反应之间的联结，而且练习的过程是尝试取得成功和减少并排除错误的过程。

桑代克还用该理论解释迁移。他认为，两个情境具有相同的刺激要素才产生迁移，即"只有当两个机能的因素中有相同的因素时，一个机能才能改变另一个机能"，迁移是非常具体的、有限的，只存在于含有相同要素或者相同联结的一些领域。对学习来说，迁移依赖于原学习课题和新学习课题之间存在的相同要素，他特别重视"报酬"在学习中的作用，认为是报酬而不是惩罚使反应和情境直接联系起来。

2. 新行为主义的发展阶段

1930 年以后，新行为主义逐渐占据主要地位。新行为主义的代表人物有托尔曼、赫尔、斯金纳。下面我们概要地说明斯金纳的理论。

斯金纳继承地发展了桑代克的行为主义思想，形成强化的学习理论。他们的研究方法有共性，他们的研究结论都是建立在动物实验的基础上，即通过变革环境刺激条件和强化时间的安排，试图找出行为变化的规律关系，而且都极力排除意识在行为中的作用。斯金纳也认同迁移的发生必然依赖于相同的要素，在效果律上也有类似的看法。他认为，如果一个操作行为出现后随之有强化的刺激，其强度会增加，强化的刺激物包括很强的噪音、强烈的光线、电击等，但他也指出桑代克理论的不足，认为联结纯粹是多余的，因为刺激可以联结反应，也可以成为反应的准备，进而提出了他的强化理论。

斯金纳认为学习是个体获得经验的过程，学习有应答性行为与操作性行为，前者是由外界的某种刺激所引起的，是无条件刺激与条件刺激配对的结果，但更强调以反应后的不同类型、程式的强化来加强行为的概率，形成操作性条件作用的过程，特别是间歇性强化的作用，因为他发现，应用间歇性强化可以使反应保持在较高水平上。强化理论形成了"刺激—反应—强化"的程序，按照这一程序进行训练，可以随意塑造一个有机体的行为。应用在学习上，学习者的行为是由外界引起和受外界控制的，通过对外界环境的操作和对某些行为的积极强化，就可以发现学习者行为形成的规律，弄清行为与行为结果之间普遍存在的关系，进而设计、塑造和改变学生的任何行为。

二、行为主义的基本思想

行为主义学习理论，尤其是新行为主义的学习理论构成了行为主义学习理论的主要部分。

1. 主要观点

该理论认为，学习过程是一种渐进的尝试错误直至最后成功的过程，学习进程的步子要小，部分到整体强化是学习成功的关键。行为主义学习理论认为，教学就是控制，通过控制教学条件，即刺激—反应的操练学习方式，可以控制学习者的学习。学习者是知识的接受对象,对外部刺激做出反应,从而形成习惯。它注重可观察到的行为,强调在学习中反复的、不间断的训练过程,以及学习时外部条件的影响以及强化作用。该理论十分看重强化的作用。桑代克认为,在大多数情况下,奖励总是能真正加强这个联结,惩罚对学习的影响是一种间接的作用,即学习者尽可能地不去重复原先让他感到不快的事情或者活动,因此奖励比惩罚更为有效,他甚至否定了惩罚律。斯金纳则进一步区分了惩罚的两种情况:一种是一旦令人愉快的刺激产生反应后不再给予这种刺激而造成的,另一种则产生于呈现令人不愉快的刺激。

2. 在教学领域的表现

行为主义学习理论进入中小学教学领域后,成为学科教学的指导性原则,也推进了语文、英语、数学等学科教学的科学化水平。例如,数学的学习被看作是试误的过程,学生在学习过程中通过大鼠的试误和练习,逐步掌握了数学概念、公式和定理,而且学习的动力来自外部的奖励。综合起来,行为主义学习理论体现在以下教学的诸多要素中。

教学目标。教学侧重可测量的、外显的行为目标,行为目标的特点是明确的、具体的和可以观察的,行为目标的陈述要求精确和具体。教学目标内含着教学规定的内容,从小步子原则出发,教学内容应分解成很小的单元,降低教学目标的难度并按照逻辑的程序加以排列。

教学过程与方法。教学过程注重教学对象的分析,对学生做出评估,以确定教学的起点。教学过程由教师负责和控制,教师处于主导地位、权威地位。教学一般有严格的程序,学生要严格按照程序规定要求学习,处于一种相对被动的地位,在学习的过程中会有成功的体验和适当的反馈。教学方法是通过精心安排有助于行为强化的环境条件,组织学生进行操作性的练习,最终学会并掌握知识和技能。

教学组织与教师的作用。教学组织可以灵活安排,教师可以组织个别学习,学生自定学习步骤,按照自己的学习水平循序渐进,也可以开展班级教学,教学过程中学生得到及时反馈与强化。教师的作用在于创设环境，控制学生的行为，推动学生向既定的教学目标前进，制止有悖于教学目标实现的行为。

教学管理与评价。教学实施目标管理，采取必要的奖惩措施，注重教学绩效的分析。教学评价与行为目标保持一致，以行为变化的观测为依据，制定具体、标准化的评价指标，评价方法主要注重检测教学目标的达成度，并视情况给予适当的奖惩。

3. 主要特点

在教育领域，继斯金纳之法，布卢姆等人吸取了新行为主义的和认知主义的研究成果，进一步丰富和发展了行为主义教学理论。有学者分析说，布卢姆的教学论不属于新行为主义的教育流派，但吸取了新行为主义教育中的科学化思想，采纳了斯金纳程序教学的合理部分。另一方面，布卢姆的教学论运用了皮亚杰、布鲁纳、奥苏伯尔等人的认知结构理论，但和认知结构主义又有区别。从这个角度来看行为主义，说明行为主义在后期的发展不再拘泥于原有的路径，开始吸纳当时新兴的认知结构理论的要素和思想，突破了行为主义的框架，也丰富了行为主义的理论思想。基于上述的认识，行为主义的教学特点可以概括如下：

①教学是一个持续连贯的过程，所划分的教学过程是相对的，教学的阶段或顺序应该依据学生心智本身的条件和活动加以调节。

②个人必须练习为自己订立切合实际的目标。目标过高容易导致失败与挫折，而目标过低也将导致个人动机或努力的降低。因此，订立切合实际的目标比订立不合实际的目标更能取得满意的进步。

③学习有意义的教学材料远比学习无意义的材料或不为学生理解的教学材料更有效。任何科目在增强学生的心智方面都有着自身的优势。

④欲使学生有效地学习某种概念，我们必须使该概念在各种不同的特殊情境中重复出现，而后学生必须在与原先学习该概念相异的各种情境中加以运用。

⑤学生个人过去的生活经验和经历可能提高或者阻碍从教师那里习得所教

内容的能力。学生彼此之间相处越久就学得越快，如果曾经参与选择和计划某种活动，那么他将会更加诚心诚意地从事该项活动。学生的主动参与比被动参与取得的学习效果更好。

⑥对于必须永记于心的材料，分散练习胜于集中练习。某些必须过度学习的技能或孤立的事实，除了重复练习外无法记住。学生记忆那些与自己以往态度相符合的新教学材料比起记忆那些与其态度相悖、冲突的教学材料会更有效。

⑦一般而言，在奖赏控制下的学习比起在惩罚控制下的学习更有效。教人忍受失败之道，最好的办法就是告知学生在历次失败中曾获得的进步，哪怕是极微小的进步。告知学生优良表现以及成功和错误之处都会有助于学习。

⑧如果学生的能力分班仅仅依据某一标准，那么依据其他标准，学生彼此间的个别差异可能会横跨数年。

⑨学生如果在学习时独立发现内容各部分之间的关系，并运用于不同的情境之中，就会增强学习迁移能力。如果学生面临的学习是最有挑战性的，即不太容易也不太困难，有成功可能却无绝对把握，那么他就会尽最大的努力予以完成。学生唯有在真正面对困难或使其发生兴趣的挑战时，才会认真思考。

⑩动机强者要比动机弱者学得更快，过分强烈的动机可能比强度适中的动机取得更少的学习效果。由内在动机所引发、维持的学习要比由外在动机引发、维持的学习更有效。

三、行为主义的教学模式

程序教学

斯金纳提出程序教学（Programmed Instruction），目的是消除教学存在的弊端，提高教学的效果。这些弊端比较突出地表现在学习行为不是出于喜欢或者愉悦而是受厌恶刺激所支配的，在学习行为和强化之间隔得太久，缺乏一个连续强化的方案，强化次数太少。他认为，把影响行为的最佳程序和积极强化因素引入教学情境，通过程序的控制可以强化学生学习的积极效果。

他规定了一套程序教学的基本原则。第一，小步子。教学被分解成小步子，由易到难，循序渐进，可以避免教学内容之间的难度过大，让学生更容易学习。第二，积极反应。每一个学习问题都提供反应的机会，以保证学生的学习顺利进行。第三，及时反馈。在每个学生做出反应后，给予及时确认或及时强化，以利于学生调节学习的进度。第四，自定步调。学生可以按照自己的速度和节奏安排学习，充分保证学习的灵活性和差异性。第五，低错误率。尽量避免可能出现的错误反应，以提高学习效率。

他依据这套程序教学的基本原则设计出教学的基本程序，即①—②—③—④直线式程序。它把学习材料分成一系列连续的小步子，学生严格按规定的顺序学习，比较常见的是，机器给学生呈现一步，要求学生做出回答，如果学生错了，机器就提供正确答案，要求即时纠正，然后再进入下一步学习。以后学生将得到足够的复习机会和重述性的学习材料，对相似的刺激做出正确反应，从而顺利实现学习目标。

在我国，"中学数学自学辅导教学"是由原中科院心理所的卢仲衡领衔，通过改造程序教学并取得成功的研究成果。它是学生在教师的指导、辅导下进行自学，获得知识，发展能力，形成自学习惯的一种学习方式。一般从初一开始，有四个阶段：第一阶段，教会学生阅读方法，能正确理解词义、概括段意，约一至二周；第二阶段，学生适应自学辅导，形成自学习惯，大约两个月；第三阶段，在初步形成自学习惯的基础上，加强学生学习的独立性，大约半年至一年，第四阶段，充分发挥学生在自学过程中的独立性。

教学模式是"启—读—练—知—结"。所谓"启"，就是由教师向全班学生进行启发，从旧知识引出新问题，设置激发学生的新情境，大约5分钟。所谓"读"，是学生以粗、细读的方式阅读、理解和钻研课文。所谓"练"，是学生通过动脑动手在练习本上做练习，尽量做到落笔准确。所谓"知"，是及时知道结果，校对答案，自我纠正错误。读、练、知大约30分钟。所谓"结"，是老师向全体学生进行小结，将本课主要内容概括地向班集体讲授，指出上课时发现的问题，让大家进行讨论，大约 10 分钟。

四、行为主义教学理论简评

行为主义统治美国的学术界长达半个世纪，并逐渐影响中小学的教学改革及其发展。20 世纪 60 年代以后，随着认知心理学、人本主义心理学等理论思潮不断涌现，行为主义的理论遇到前所未有的挑战，以乔姆斯基为代表的语言学理论动摇了以条件作用为基础的行为主义的言语获得理论，动摇了行为主义的理论体系，作为体系的行为主义逐渐趋于衰落，但它特有的教学思想使得行为主义理论的影响仍然存在着，并且已经深深扎根于教学实践。

行为主义研究个体的行为变化规律，将行为控制的原理和方法引入了教学领域，给中小学带来革命性的变化，顺应了基础知识和基本技能的教学要求，引领了教学改革的潮流。现在，许多国家都纷纷运用计算机辅助教学、远程媒体教学以及个别教学等教学方法，使用教学技术和媒体等教学手段。教学设计已经成为一个独立的教学研究领域。

行为主义教学理论对我国的影响也是相当大的。在新一轮课程改革中，中小学各科都制定了课程标准，涉及教学目标的制定问题，明确要求以行为目标为指导。针对当前教学设计中教学目标陈述的含糊等缺陷，许多学者撰文提出尖锐的批评。在中小学教学实践中，条件反射、奖赏、强化、反馈等行为主义的术语会经常出现在教师的言语里，许多教师体会到采用奖励、鼓励的方法要比批评、指责更有效。

行为主义的教学理论有许多合理的因素，准确把握会有助于控制儿童的行为，培养儿童良好的学习习惯。对于它的不足，我们也要有清醒的认识，例如，小步子的教学材料使学生难以从整体上把握教材的结构，机械的教学程序制约了学生学习的主动性和创造性。在学习和应用行为主义的教学理论时，我们要坚持辩证的观点，取其所长，避其所短。

第六节　建构主义的教学理论

一、建构主义的渊源

建构主义（Constructivism）是以认识和理性为理论基础的。它源于古希腊的智者派传统，当时的智者派代表人物苏格拉底、柏拉图等人，以认识为道德的基础，认为认识即理念的回忆。

1. 近代的萌芽阶段

它发展于文艺复兴时期的理性主义传统，文艺复兴之后，近代科学进入高速发展时期，人类的知识水平不断提高，19世纪时，科学已成为时代的标志。科学知识成为文化的统治力量，知识的性质和功能发生了变化，知识教学成为学校教育工作的关键和核心。知识是人类认识活动的结果，是人类理性的产物。通向真理的基本途径是理性，理性过程等同于获得正确知识的过程，因为理性本身具有将感觉经验提升到普遍原理的力量，正是这种超越于感觉经验的理性力量，使人类能够形成关于事物普遍性的认识。但是，与知识相比，理性是一种认识能力，只有理性才能引导人们不断发现知识、发展知识。

心理科学的发展进一步奠定了建构主义教学理论的基石。人的全部心理活动根源是认识活动，而认识活动是各种观念的活动，观念的相互作用产生情感、愿望、兴趣、注意、意志，在训练认识能力或智力上，知识有着重要作用。知识，尤其是科学知识蕴含着事物之间的因果联系，既有助于记忆，又有利于明智的判断，知识有着增强智力或认识能力的可贵价值。因此，知识教学可以消除无知，形成和发展人的理性，以客观理性主义的知识传授为核心的教学逐渐形成以"教师中心、教学材料中心和课堂中心"为特色的传统教学体制。

2. 现代的发展阶段

现代意义上的建构主义产生于杜威的经验自然主义。杜威改变了传统的经验教育观，提出主体与环境相互作用的教育思想。杜威认为，真正的理解是与事物怎样动作和事情怎样做有关的，理解在本质上是联系动作的。由此出发，他将立足于"行动"的学习与不确定情境中的探索联系在一起，认为正是情境内在独特的、积极的不确定性才能使探索存在并激励和指导着探索的前进。杜威强调，教育必须建立在经验的基础上，教育就是经验的生成和经验的改造，学生从经验中产生问题，而问题又可以激发他们运用探索的知识产生新概念。

皮亚杰接受了杜威的这一思想，并结合自己的研究形成了结构主义的心理学理论：一个孩子在建构一种世界模式时，必须经过不同的认识阶段；学习最基本的原理就是发现。他认为知识既非来自主体，也非来自客体，而是在主体与客体之间的相互作用过程中建构起来的。一方面，新经验要获得意义需要以原来的经验为基础。另一方面，新经验的进入又会使原有的经验发生一定的改变，使它得到丰富、调整或改造，这就是双向的建构过程。这个理论为布鲁纳所继承、推广，应该说它成形于以皮亚杰、布鲁纳为代表的结构主义。

3. 重要的流派

20世纪80年代以后，各种建构主义流派兴起，这里简要说明其中的三种。

（1）激进建构主义。它的代表人物是格拉塞斯费尔德和斯戴福，他们认为一切知识都是个体在认知过程的基础上、在跟经验世界的对话中建构起来的，其基本原则是：第一，知识不是通过感觉或交流而被个体被动地接受的，而是由认知主体主动地建构起来的，建构是通过新旧经验的相互作用而实现的。第二，认识的机能是适应自己的经验世界，帮助组织自己的经验世界，而不是去发现本体意义上的现实。

（2）社会建构主义。它是建构主义思潮中的重要流派，它的形成主要以维果茨基的理论为基础，代表人物是鲍尔斯费尔德。它的主要观点包括：个体与社会是相互联系、密不可分的；知识来源于社会的建构；文化和社会情境在儿童的认知发展中起着巨大的作用；学习是有意义的社会协商。知识不仅是在个体与物理环境的相互作用中建构的，社会性的相互作用同样重要，甚至更加重要。人的高级心理机能的发展是社会性相互作用内化的结果，而在此过程中，语言等符号具有极为重要的意义。学习者在自己的日常生活、交往和游戏等活动中，形成了大量的个体经验，这可以叫作"自下而上的知识"，它从具体水平向知识的高级水平发展，走向以语言为中介的概括，具有理解性和随意性。而人类的社会实践活动则形成了公共文化知识，在个体的学习中，这种知识首先以语言符号的形式出现，由概括向具体经验领域发展，所以可以称为"自上而下的知识"。即儿童在与成人或比他稍成熟的社会成员的交往活动中，通过他们的帮助，解决自己还不能独立解决的问题，理解成人身上的那种自上而下的知识，并以自己已有的知识为基础，使之获得意义，从而把"最近发展区"变成现实的发展，这是儿童知识经验发展的基本途径。

（3）社会文化认知观。代表人物是沃茨奇，他认为基本假设是人的心理功能，是处于文化、历史和制度情境之中的。他们关注的是社会文化的情境性，理解和改变外部和内部心理过程的关键应当是对这些过程所处的文化、历史和制度场景进行分析。因此，知识与学习都是存在于一定的社会文化背景中的，不同的社会实践活动是知识的来源。所以，它着重研究不同文化、不同时代和不同情境下个体的学习和问题解决等活动的差别。他们提倡一种"认知学徒制"的教学方式，即让学生有可能在真实的情境中通过对专家活动的观察、模仿进行主动学习。

二、建构主义的基本思想

建构主义颠覆了知识、学习的传统含义和对学习者持有的观念。

1. 主要观点

在知识的认识上，建构主义超越了传统二元论的思想，否定了传统上认为知识是客观的这一特点，即知识不是以实体的形式存在于具体个体之外，同时，也否定了知识的先天性和主观性的特点，转而把知识视为客观性与主观性的辩证统一。这种统一集中体现于学习者身上。建构主义认为，学习者并不是空着脑袋走进教室的，在日常生活中，在以往的学习中，他们已经形成了丰富的经验，小到身边的衣食住行，大到宇宙、星体的运行，从自然现象到社会生活，他们几乎都有一些自己的看法。而且有些问题即使他们还没有接触过，没有现成的经验，但当问题一旦呈现在面前时，他们往往也可以基于相关的经验，依靠他们的认知能力，形成对问题的某种解释，这并不都是胡乱猜测，而是从他们的经验背景出发而推出的合乎逻辑的假设。由此形成建构主义所特有的学习观，学习的实质就是学习者经验系统的变化。也就是说，学习者经过建立在先前经验基础上的学习之后，自身的经验系统得到了重组、转换或改造，这种变化是多方面的，有认知方面的变化，如知识、技能；有情感方面的变化，如动机、态度、信念、价值观。学习成为学习者主动建构的过程，与学习的结果保持高度的一致，形成建构主义的最基本观念：知识是学习者的主动建构。

2. 在教学领域的表现

在教学上，情境、协作、会话和意义建构组成了教学环境中的四个要素。

既然知识的意义总是存在于情境之中，学习的过程是学生主动建构知识的意义，那么教师的任务就是创设一定的教学环境支持学生。具体说，可以设计一项重大任务或提供一个真实问题，以支持学生积极地开展学习活动，帮助学生成为学习活动的主体。设计真实、复杂、开放、具有挑战性的学习环境与问题情境，以诱发、驱动并支撑学生的探索、思考与问题解决的活动，提供机会给学生，同时，对学习的内容和过程进行反思与调控。

协作与会话成为学生共同体的共同活动。既然学习总是在一定的社会文化环境下进行的，那么，即使学生可能是一个人在独自学习，但他所处的人群、所用的书本等都深受社会文化的影响，积淀了人类社会的智慧和经验，学生有什么样的观念和认识，总是与他所处的学生共同体在协作与会话过程中习得和生成的，学生个人并不是一个孤立的探究者，实际上始终处于与共同体的相互作用之中。

教学评价的原则是：自由自在的评论；以真实任务为标准的评价；以经验的建构为标准的评价，情境驱动的评价；依靠学习背景的评价，评价标准的多元化；以社会建构与意义协商为标准的评价。

建构主义教学思想实际上借鉴心理科学的诸多成果，重新认识了知识的性质，提出知识和学习的新观点，对教学过程、教学方法、教学组织及教学评价等提供了新的认识思路和角度，从而淡化了行为主义教学格局下的"三中心"。

3. 主要特点

基于学习者的角度，可以更清楚地看出建构主义的知识与学习的特点。知识不是对现实的准确表述，它只是一种解释、一种假设，它不是问题的最终答案，它会随着人类的进步而不断地变化，并随之出现新的解释和假设。知识不能精确地概括复杂世界的法则，尽管通过语言符号赋予了知识一定的外在形式，甚至这些命题还得到了较普遍的认可，但这并不意味着每个学习者都会对这些命题有同样的理解，因为这些理解只能由学习者个人基于自己的经验情境建构起来，这取决于特定情境下的学习历程，这种情境并不是属于个人的，学习也不是个人孤立的学习，学习者的学习过程就是在社会性的具体情境下知识的再创造过程，学习者主动建构知识的意义，在自己经验的基础上生成自己的解释和假设。

建构主义所形成的知识和学习特点包括知识和学习的复杂性、知识和学习的生成性、知识和学习的情境性以及知识和学习的社会性。这些特点影响到建构主义的教学思想，也改变了我们对教学的传统认识。

三、建构主义的教学模式

1. 情境教学（Situational Teaching）

它以情境性认知理论为基础，与建构主义的思想密切联系，主张学习应着眼于解决生活中的实际问题，在与问题原型一致的情境中进行，学习效果的评估与情境相结合。

首先，这种教学应使学习在与现实情境相类似的情境中发生，以解决学生在现实生活中遇到的问题为目标，学习的内容要选择真实性任务，不能对其作过于简单化的处理，使其远离现实的问题情境。

其次，这种教学的过程与现实的问题解决过程相类似，所需要的工具往往隐含于情境当中，教师并不是将提前已准备好的内容教给学生，而是在课堂上展示出与现实中专家解决问题相类似的探索过程，就是给学生提供解决问题的原型，并指导学生的探索。

最后，它不需要独立于教学过程之外的测验，而是采用融合式测验，就是在学习中对具体问题的解决过程本身来反映学生的学习效果，或者进行与学习过程一致的情境性评估。

2. 支架式教学

"支架"也叫"脚手架"，指的是搭在房屋外围的一种平台，工人能站在上面建房或修房，在建好或修好之后，就会被拆掉，所以，其本义是作为一种工具在一段时间内存在，当目的达到时，就会被收走。

美国著名心理学家布鲁纳及其同事在研究母亲如何影响幼儿语言发展的过程中发现，幼儿语言能力尚未发展时，必须有母亲的大力支持。当幼儿语言能力发展起来以后，母亲就不必再干涉幼儿了，此时母亲的支持会显著减少。最后当幼儿完全获得了一定的语言能力之后，母亲的支持会停止，让幼儿独立用语言表达自己。这一过程中母亲的支持与建筑上使用的支架在特点与作用上有类似的地方，布鲁纳等人将这一研究扩展到教学领域，要求教师在学生学习过程中提供的支持也应具备这种特点，发挥这种凭借的作用，由此提出了"支架教学"的教学模式。

"支架教学"包括以下几个环节。第一，预热。这是教学的开始阶段，将学生引入一定的问题情境，并提供可能获得的工具。第二，探索。首先由教师为学生确立目标，用以引发和展开情境的各种可能性，这时的目标可能是开放的，学生可以进行探索性的尝试，在这过程中教师可以启发，可以做演示，提供问题解决的原型，也可以给学生以反馈等，对学生的探索给予必要的引导，但逐渐增大了问题的探索性的空间，增强了学生自己探索的力度。第三，独立探索。在这个阶段，教师放手让学生自己决定自己探索的方向和问题，不同的学生会有不同的问题，会选择适合自己的方法，独立地进行探索。

作为一种整体教学模式，"支架教学"重视教师在预热和探索阶段给予学生必要的支持，随其能力的逐步增加而减少，促使学生独立完成相似的学习任务，根本目的在于使儿童获得某种更高水平的独立能力，学会学习。作为一种具体的教学策略，要求教师在学生完成某个特定学习任务过程中，应该提供什么样的支持，强调了支架的情境性，这是学习任务能否完成的直接目的。例如，在语言学习中，它强调通过有效的教师——学生会话这一互动形式，在课堂活动中，能力较差的学生在与能力较强的学生的合作中知识得到增长，使其有能力完成自己无法独立完成的任务。

四、建构主义教学理论简评

建构主义比较好地说明了人类学习过程的认知规律，即能较好地说明学习如何发生、意义如何建构、概念如何形成以及理想的学习环境应包含哪些主要因素等。建构主义理论强调学生主动探索知识、主动发现和主动建构所学知识的意义，既强调学生的认知主体作用，又不忽视教师的指导作用，教师是意义建构的促进者，而不是知识的传授者与灌输者。学生是信息加工的主体，是意义的主动建构者，而不是知识的被动接受者和灌输对象，形成与传统教学截然相反的教学思想和模式，由此发展出新型的学习理论、教学理论和教学设计理论。

在建构主义理论思想指导下，中小学的教学发生了深刻的变革，对教学模式和教学技术的使用产生了深远的影响，正在逐步消除或纠正教学中建构主义所批评的各种弊端。建构主义教学理论阐释了认识的建构性原则，更清楚科学地揭示出认识的能动性所在，对于如何使学生的学习过程由抽象走向"思维中的具体"很有启发，对于重视学习活动中学生的主体性作用，重视学生面对具体情境进行意义的建构，都产生了积极的影响。但在现实的教学局面下要实现较理想的建构主义学习环境，还存在一定的距离，而且这套理论可能更适合于高级阶段的教学。

第七节 交往教学理论

一、交往的渊源

从交往思想的产生到教育中的主体性交往，再进一步形成教学中的交往和交往教学，大致经历了两个阶段。

1. 交往的萌芽阶段

马克思最早在《德意志意识形态》[①]中提出了社会交往理论，人作为个体或群体通过一定的社会关系产生相互作用，即交往。而人与自然的相互作用则是生产，交往是生产实现的必要条件。20 世纪以后，主体关系进入研究的视野，经过胡塞尔、海德格尔等人的研究，确立了主体性向主体间性的转变。布伯认为，人生来就具有交往的本能，只有在"我—你"关系中而不是在"我—它"关系中，才能获得充分的发展。雅斯贝尔斯把交往视为教育的核心，指出"所谓教育，不过是人对人的主体间的灵肉交流活动（尤其是老一代对年轻一代），包括知识内容的传授、生命内涵的领悟、意志行为的规范，并通过文化传递功能，将文化遗产教给年轻一代，使他们自由地生成，并启迪其自由天性"[②]。

人际关系中的师生关系较早地进入研究的视野，美国教育界在 20 世纪 40 年代通过研究得出师生关系有三种类型：专制型、民主型和松散型。在这以后不断有类似的研究，罗杰斯的非指导性教学，开始把师生间的情感因素作为教

---

① （德）马克思，（德）恩格斯：《德意志意识形态》，人民出版社 2018 年版。
② （德）卡尔·雅斯贝尔斯：《何谓教育：雅斯贝尔斯教育漫谈》，杨耘硕译，江苏凤凰文艺出版社 2022 年版。

学的重要条件，就是具有典型意义的研究成果。

2. 交往教学的发展阶段

交往真正进入教学的研究领域是在 20 世纪 70 年代以后。

在苏联，休金娜已经认识到交往是教学过程中一个重要条件，季亚琴科从本体论意义上肯定了交往是教学活动的本质。在德国，受当时教育危机的影响，研究者开始把目光转向学生的个性发展，注重发展每个学生的各种能力，开始关注师生关系的和谐、快乐问题，弥补了传统教学论研究的不足。还有一些教育家吸取了法兰克福学派的批判理论，开始从事各教育分支领域的研究工作。沙勒与舍费尔也吸取了这种批判理论，于 1971 年首次提出了批判理论，探讨师生交往的教学论思想，并与其他一些教学论专家一起把这种思想系统化为交往教学论学派，称他们的学派为"批判—交往教学论学派"。

二、交往的基本思想

1. 主要观点

交往教学理论有以下的基本观点：第一，教学是一种精神性的交往，它是借助言语符号和非言语行为进行的对话、交流和沟通，对话的内容不是传授的知识，而是文化的、社会的和情感的层面的交流，以培养人的独立人格为目的。第二，教学是生成性的交往，学生在学习的过程中学会与同学合作，学会处理与他人的关系，感受他人的情感和态度，体验自己内心的真实感受，发现自我、形成自我、完善自我、展示自我，在交往关系中完成了作为人的成长历程。第三，教学是反思性的交往，在与他人的交往过程中，通过他人的言论和评论认识自己、评价自己，形成自我调控和自我评价的能力，进一步认识到自己的权利、责任和义务，使自己的人格不断得到充实和完善。第四，教学是基于生活世界的交往，教师不是作为知识的权威出现，而是以人格平等、相互尊重和信任的面目出现。这意味着传统的单向了解转变为师生的相互了解，教师与学生有着同样的地位，教师不再强制，甚至压迫学生服从。同时，教师仍然肩负教导的使命，在学识、人格等方面对学生的精神和人格发展产生有效的影响。

2. 在教学领域的表现

随着交往教学理论在教学实践领域得到推广性的应用，它在教学目标等方面初步形成了有自己特色的思想。

教学目标。教学的最终目的是"解放"学生，所谓解放就是尽可能发展学生的人格，或者说达到个性的"自我实现"。这个"解放"，在消极的意义上就是使学生从社会的、技术的、自然的和他人的压制中解脱出来。在积极的意义上，就是通过教学引导学生获得自由。具体说，学生通过教育最终能够摆脱教育，达到成熟，具有独立的或自立的能力，养成自我负责、与他人合作的态度，具有批判的能力。

教学内容与方法。教学内容方面侧重于正式课程，包括那些具有大量人文、人际、社会方面的内容。此外，还有隐蔽课程，包括课堂上所出现的社会性因素以及学校的文化。就教学方法而言，广义上要考虑安排师生间双向和多向的交往渠道，采取有利于师生对话和交流的教学策略，比如，创设安全、愉悦的课堂氛围，提供学生参与的教学机会，指导学生的学习等。

教学组织和教师作用。在师生关系上，交往是有一个逐渐发展的过程的，学生随着年龄的增长，就越具有自主性和独立性的要求，教师要有意识地逐步减少自己的支配和控制作用。反过来，学生年龄越小，越缺乏知识和训练，教师就越需要代表他们做出决策，细心地参与交往活动。因此，从交往的需求看，随着学生各方面的发展，教师应逐步消除自己的影响力，更多地采取合作的、平等的、民主的态度和方式。

舍费尔认为师生交往有两种形式：对称的和补充的。对称的形式意味着交往的双方具有同等的说话权利，没有任何特权；补充的形式意味着交往的双方有人起主导作用。沙勒在此基础上提出了合理交往的原则，指出了合理交往应具有的一些特点。

（1）合理的交往是一种合作式的交往。（2）参加交往的各方都放弃权威地位，相互持平等的态度。（3）交往中不使民主流于形式，而真正做到民主。（4）由于交往的参加者实际地位不是同等的，因此必须促进相互取长补短的兴趣，理智地采取合理的行为。（5）应通过"解放"的手段，建立不带支配性的行为的条件。（6）相互传递的信息是最佳的信息。（7）现在的交往将为以后的合理交往创造条件。（8）合理交往的结果将获得一致的认识，但并非一切交往都必须达到一致认识，尤其是不允许在交往终了做出盲目的决定。

教学管理。在交往过程中，教学并非总是一帆风顺且没有摩擦和干扰的。社会的理想是保证个人最大限度地自由发展、自我决定与自我实现。但现实社会要求学生尽可能地适应社会，因此，学校的教学会顺应这样的要求，从而导致交往中的不自由与不平等，干扰了教学目标的实现。教学管理需要确定干扰的形式，例如纪律干扰、寻衅、视听方面的干扰、教学外产生的干扰、学习干扰、神经官能干扰等。干扰的原因究竟是社会引起的还是学校引起的？是教学引起的还是心理与生理引起的？寻找这些问题的答案以便针对干扰的结果采取有效的干预措施，例如心理治疗、生理治疗或精神病药物治疗。

三、交往的教学模式——对话教学

对话教学指在民主、平等的环境条件下，师生通过不同的对话形式进行共同学习活动的过程。没有民主、平等为核心的氛围，对话是徒有形式的或者说是假对话。师生之间的讨论、交流、问答等多种对话方式体现出对话形式的丰富性，且不拘于某一种形式。对话的内涵也是丰富的，代表了教学的先进意识或理念，也代表了教学方法的最新发展动向。也就是说，对话"不仅仅是一种调动学生的教学手段，更是一种尊重学生的教育思想；不仅仅是一种激活课堂的教学技巧，更是一种走进心灵的教育境界；不仅仅是指教师和学生通过语言进行的讨论或争鸣，更是指师生之间平等的心灵沟通与交流"。

与交往教学理论一致，对话的最终目的是提升和完善学生的人格。从教学的直接目的看，它需要培养学生的沟通意识和交流能力，培养学生的反思意识和批判能力，引导学生学会从"你"的视角和态度看世界的方式。虽然对话形式有多种，但概括起来主要有三种：第一，学生与客体（客观世界）的对话，学生面对教学内容构建客体的意义。第二，学生与自己的对话，在这一过程中，学生改造着自己所拥有的意义关系，重建自己的内部经验，进行反思性学习。第三，学生与他人的对话，因为课堂学习是在师生对话和伙伴对话中实现的。这三种对话不是孤立的，而是互为媒介的融合关系。

对话教学可以分为如下四个阶段：

（1）激发阶段。教师设法采用有效的策略调动学生的内在积极性，情绪开始振奋，产生交流的愿望。

（2）对话展开阶段。学生的内在积极性被激发起来之后，思想的兴奋点转向了教师设计好的知识点或问题，试图参与到教学活动之中，在这过程中教师会采取有效的策略主动引导学生有效地思考知识点或问题，一旦与学生的知识背景或结构产生互动，就会进入下一个阶段。

（3）对话深化阶段。师生的思维和情绪围绕知识点或问题得到充分的展现，这时，不同形式的对话依据教学的需要得到适当、合理的运用，教师会采取有效的策略调节教学的进程、内容以及对话的形式，师生的参与程度进一步加深。在这一过程中，学生应该处于主动和自主的地位，寻求知识点或问题的解答。

（4）反馈阶段。反馈是对教学结果的总结，也是对教学过程的反思。总结是回答学生对知识点的疑问和困惑，以便帮助学生找到好的解决办法；反思是发现教学过程中存在的遗漏与失误，找到改进办法，看到学生对话方面的进步，寻求完善的策略。

四、交往教学理论简评

20世纪70年代兴起的交往教学应该被视为20世纪初兴起的活动教学、互动教学的延伸，是20世纪解放学生主体的教育改革中迈出的新的一步。从交往的视角看教学，我们会赋予课堂新的意义。教师在与学生的互动过程中，一起探索知识、寻求真理、相互理解，发现内心的真情实感，彼此合作、学会相处的规则与责任。交往真正成为师生生活的一部分。

通过交往的视角看教学的现状，我们会发现一些不尽如人意的问题。第一，教师的独占。课堂里大部分的时间成为教师的表演，即使冠以知识传授的名义，也只是重视教学认知过程。第二，教师的独白。课堂上出现为数不多的问答机会，教师也是极力把学生的思路引向预定答案，学生缺乏深层的感受和思考，师生之间没有真正的倾听和对话。第三，教师的独断。课堂里的活动都是教师预设好的，缺乏动态的变化和学生的参与，很可能教师的偏见把部分学生排除在教学活动之外，这样的教师没有真正的平等意识。

从未来的教学改革看交往和对话的教学价值，我们确信师生都是以主体的身份在课堂里探索、感受与合作，表达的时候对方在倾听，敞开心扉的时候对方在感受，在宽松的氛围里自由地探索和表现，知识与真理、品行与认知都是教学交往过程的自然结果。

第三章　现代教育技术的理论基础

第一节　现代教育技术基本理论

从传播学的角度来看，教学是向学生传递各种知识和能力的过程，它是一个有目的、有组织的传播活动。传播是通过媒体进行的。在传播过程中，教学媒体是一个重要因素，为了完成教学工作，人们发明了各种各样的教学媒体。教学工作者也正是借助于这些媒体，完成了对一代又一代学习者的教育任务。社会发展到今天，随着科学技术的进步，许多体现现代科学技术成就，与以往的教学媒体有很大区别的现代教学媒体相继产生。研究各种现代教学媒体特性，掌握各种现代教学媒体的使用技术，是教育者适应现代教育条件下学校教学工作不可缺少的基本能力，也是现代教师必须具有的基本素质。

一、现代教学媒体的分类

现代教学媒体有多种分类方法，按照它们作用于人的感官的不同，有以下五种分类：

（1）视觉教学媒体。幻灯、投影等主要是提供图像类教育信息的媒体，学习者主要通过视觉感官来接收信息。

（2）听觉教学媒体。收音机、录音机、扩音机、磁带等主要是提供声音类教育信息的媒体，学习者主要通过听觉感官来接收信息。

（3）视听觉教学媒体。电视机、录像机等是能够同时提供图像、声音两方面教育信息的媒体，学习者可以同时通过视觉和听觉感官来接收信息。

（4）计算机交互媒体。计算机交互媒体是以计算机为核心提供教育信息的设备，它能在教学过程中实现教与学双方互相交流，还可以实现个别化教学。

（5）综合媒体。语音实验室、多媒体教室、计算机网络教室和微格教学室等，都属于综合媒体。综合媒体将多种媒体组合起来使用，更有利于充分发挥各种媒体的教学功能，提高教学效率。

二、现代教学媒体软件编制原则

现代教学媒体软件也是一种教材，和传统的文本教材一样，都是用于向学生传递教学大纲、课程标准所规定的教学内容，解决教学中的理论和实际问题，为实现一定的教学目的服务。对教学媒体软件而言，无论是公开出版发行，还是用于内部交流或者自己使用，编制时都应当遵循以下四项原则，以保证其质量。

（1）教育性。教学媒体软件既然是用于教学的，就必须要有教育性。为保证教学软件的教育性，编制时须注意四点：①体现教学媒体软件的教育属性。②选题要体现教学目的。③选题内容要有助于解决教学重点和难点。④结构要符合教学对象的认识规律。

（2）科学性。教学媒体软件是为教学编制的，绝不允许有科学性错误，要能正确反映学科基础知识和现代科学技术的发展水平。具体地讲，就是要注意选材典型，规范准确，客观实际。

（3）艺术性。现代教学媒体软件使用图像声音直观地表达教学信息，可以适当采用艺术的手法，使教学媒体软件在图像清晰、声音清楚、色彩逼真、声画同步的同时，具有较强的艺术表现力和感染力，为学习者创造一种轻松愉快的学习氛围，从而激发学生的情感，引起学生的学习兴趣，在乐于接受所学知识的同时，得到美的陶冶。

（4）整体性。教学媒体软件只能是部分学习内容的体现，因此，除了注重媒体软件自身各部分的联系及形、声、色之间的协调之外，还要重视和其他不同教材的功能联系及与其他教学手段的有机配合，力求获得最佳组合的整体效应。在编制时，要讲究经济效益，对软件的适用性、使用率等进行统筹考虑，注意节省人力、经费、材料和时间，力争以最小的代价取得最大的收获。

总之，现代教学媒体软件的编制要在保证教育性和科学性的前提下，力求做到技术完善、艺术完美和经济实用，达到各方面的有机结合，和谐统一。

三、现代教学媒体软件设计要求

现代教学媒体软件主要是采用图像和声音的手法为学习者提供学习经验。为了使现代教学媒体软件能够满足教学要求，必须按编制原则进行精心设计。除此之外，设计时还应注意以下四点：

（1）功能目标设置合理。教学媒体软件都有一定的功能目标。其功能目标的设置，要从学科教材系统的角度进行构思，考虑教学媒体软件在教材系统中所占的地位和作用，与其他教材的相互关系以及在教学中的使用方式等来确定结构。设置的功能目标要与教材系统的整体优化目标相适应。

（2）共同经验范围大。根据传播效果规律，只有在师生共同经验范围内进行的教育传播活动才会更有效。教学媒体软件的作用是辅助教师向学生传递教学信息，编制时需充分考虑传、受双方在历史背景、文化程度、经验范围、立场观点等方面的差异，注意提供展示共同经验的情景，增加师生之间的共同感受，使表达的内容易于学生理解，提高传播效果。

（3）抽象层次确定恰当。学科课程的教学是按一定的抽象层次进行的。教学媒体软件的服务对象是学习者。设计时，要充分考虑教育对象的生理发展状况和实际学科专业水平，确定一个恰当的抽象层次。如教材包含的具体成分和抽象成分就必须安排出一个合适的比例，以有利于把学习者的具体思维引向抽象思维，从而达到掌握概念、获取知识、提高能力的目的。

（4）展示节奏安排要合适。教学媒体软件应按照一定的节奏来展示教学内容，节奏的安排对学生的思维活动有重大影响。恰当的节奏，不仅可以引起学生的浓厚兴趣，对教材内容进行充分感知，而且还可以使学生通过积极的思维活动对信息的刺激及时做出反应，达到刺激与反应的协调和同步。设计教学软件时，要注意避免过快或过慢的节奏，最好使软件展现某一现象及其变化的时间，与学生对其达到充分感知所需的时间相接近，以利于学习者的学习。

在使用现代教学媒体进行的教学传播行为中，仅有现代教学媒体设备是不够的，还需要有各种相应的现代教学媒体软件。掌握现代教学媒体软件的设计、制作和使用技术是现代教学工作中的一项重要任务。它直接影响着现代教学媒体设备教育传播优势的发挥，影响着教师和学生之间教学信息交流的效果。它已成为现代教育发展形势下对教师基本职业素质的要求之一。

第二节　现代学习理论基础

学生的学习活动是一切教学活动的落脚点，教师的教是为了促进学生的学。因此，了解学习的基本特点和有关理论是教师进行有效教学活动的基础和前提。由于学习过程的复杂性及研究者的角度和方法不同，产生了各种学习理论流派，这些不同的理论各有特点，相互补充，适用于不同的情形。这里仅就对教育技术的发展产生较大影响的行为主义、认知主义和建构主义做简要介绍。

行为主义学习理论在斯金纳时期达到了鼎盛。但随着学习理论的深入，行为主义的机械、被动等弊端日益暴露出来。与行为主义不同的是，认知主义认为学习是学习者根据自身已有经验，对外部信息进行加工处理，形成认知结构的过程。下面对其中的一些代表性理论进行简要的介绍。

（一）布鲁纳的认知结构学习理论

布鲁纳认为，学生的知识学习主要是通过类别化的信息加工活动积极生动地形成认知结构或知识的类别编码系统的过程。他认为，学习包括下面三个几乎同时发生的过程：

（1）习得新信息（理解新知识）——这种新信息经常是与学习者已有信息相背离的，也可能是已有信息的一种替代或提炼。

（2）转换——这是一种处理知识以便使其适应新任务的过程。人们可以通过外推、内插或变换等方法，把知识整理成另一种形式，以便超越所给予的信息。

（3）评价——检查我们处理信息的方式是否适合于这项任务，如概括是否合适、外推是否恰当、运算是否正确等。布鲁纳认为，学生不是被动的知识接受者，而是积极的信息加工者。

布鲁纳认为学习不是被动地形成刺激——反应的联结，而是主动地形成认知结构和编码系统，强调学习者的主动性，重视认知结构的形成，注重学习者的知识结构、内在动机、独立性与积极性等在学习中的重要作用。

（二）加涅的信息加工学习理论

20世纪50年代，由于计算机等信息技术的发展，越来越多的人接受用计算机的信息处理过程来类比人脑的认知过程，用信息的接收、存储和提取来解释学习的具体过程。加涅运用现代信息加工过程及其条件做深入研究，形成了一种新的学习理论——信息加工论。他提出了学习的信息加工模式，具体说明了学习过程的信息流程。

这一模式表明，来自外界环境的刺激通过学生的感受器，以映象的形式输入感觉登记器，形成瞬时记忆，借助注意将这些信息以语义的形式存储在短时记忆中，然后经过复述、精细加工、组织编码等进入长时记忆。长时记忆的信息要转变为人能清晰意识到的信息就需要将它们提取进入短时记忆。因此短时记忆是信息加工的主要场所，因此也称为工作记忆。它将来自感觉记录器和长时记忆中提取出来的信息进行处理加工。加工的结果一方面送至长时记忆，另一方面送至反应发生器。反应发生器将信息转化成行动，也就是激起反应器的活动作用于环境。在这个模式中，执行控制和期望事项是两个重要的结构，它们可以激发或改变信息流的加工。前者是已有的经验对当前学习过程的影响，起调节作用；后者是动机系统对学习的影响，起定向作用，它们可以对整个信息加工过程起调节和监督的作用。

从学习的信息加工模式中可以看到，学习是学生与环境之间相互作用的结果。学习过程是由一系列事件构成的。

加涅认为教师是教学活动的设计者和管理者，也是学生学习效果的评定者。一个完整的学习过程是由 8 个阶段组成的。在每个学习阶段，学习者的头脑内部都进行着信息加工活动，使信息由一种形态转变为另一种形态，直到学习者用作业的方式做出反应，教学程序必须根据学习的基本原理进行。

（三）认知学习理论在现代教育技术中的应用

认知主义学习理论认为，学生在记忆知识时，总是在注意、知觉、复述的过程中进行。那么，在课堂中，我们就可以运用现代教育技术手段，利用好知识记忆的每个环节的特点，促进学生的学习。

在课堂上要采取科学合理的现代教育技术手段不断吸引学生的注意力，促进学生的知觉。在教学中，教师应该善于把新知识与旧知识联系起来，将旧知识嵌入新知识的框架中，帮助学生合理建构知识结构，增加知识的意义性。

第三节　教育传播理论

传播是自然界和人类社会的普遍现象。从远古的生物进化，到当代形形色色的社会活动，无不涉及信息的传播和利用。传播学是一门研究人类传播行为的科学，是随着广播、电视、刊物、报纸等传播媒体的发展，逐步从社会学、心理学、政治学等学科分离出来的一门学科。

从某种意义上来说，教育也是一种传播活动。它是按照确定的教育目标，通过教育媒体，将相应的教育内容传递给特定的教育对象。它与大众传播有许多共同之处，两者关系密切，我们可以把传播理论的研究成果应用到现代媒体教育中来，提高教育质量和效率。因此，传播理论也是现代教育技术的理论基础之一。

一、传播的概念和类型

传播学诞生于 20 世纪 40 年代，教育传播是从 20 世纪五、六十年代以来逐渐形成的一个新的学术领域，是传播理论向教育研究渗透而产生的结果。传播原指"通信、传达、联系"之意，后专指信息的交换与交流。传播是自然界和人类社会的普遍现象，从远古的生物进化，到当代形形色色的社会活动，无不涉及信息的传播和利用。广义的传播可理解为"大自然中一切信息的传送或交换"，包括植物、动物、机器、人所进行的信息传播。狭义的传播主要指人所进行的信息传播，分为人的内在传播（或称自我传播）和人与人的传播，指人们通过符号、信号传递、接收与反馈信息的活动，是人们彼此交换意见、思想、感情以达到互相了解和影响的过程。通常，它包括人际传播、组织传播、大众传播和教育传播。

（一）人际传播

人际传播是个人与个人之间的信息交流活动，包括面对面的直接传播和以媒体为中介的间接传播。直接传播主要是用语言表达信息，或用表情、姿势来强化、补充、修正语言的不足。间接传播以媒体（如电话、电报、电视、书信等）为中介进行信息交流。人际传播的目的是：（1）沟通。通过交流，不仅使自己了解别人，也能使别人了解自己，达到相互了解、建立和谐关系的目的。（2）调节。在传播过程中，通过了解别人对自己的各种反应，不断调节自己的行为和生活态度，使之符合社会需要。

（二）组织传播

组织传播是组织与组织之间、组织内部成员之间的信息交流活动。组织是一群相互关联的个体的组成，每一个人都属于一定的组织，可以说，没有人能够离开组织而独立生活。传播是组织生存与发展的必不可少的条件，没有传播就没有组织。组织传播的目的是：与其他组织达成有效的沟通，增进了解，建立良好的关系，使组织内部成员贡献出自己的力量，并和谐共处，以共同的行动促进共同的利益。

（三）大众传播

大众传播是传播者用专门特制的内容通过媒体对广大受众进行信息交流的活动。在大众传播中，传播者不是某个人，而是有组织的传播机构，如报社、广播电台、电视台等。传播的内容是经专门人员，根据预定的计划编写、设计、制作的，内容涉及的范围很广泛，运用的媒体有报纸、书刊、广播、电视等，受众是广大不确定的人群，包括各种职业、各个阶层、不同文化程度的个体。大众传播的目的是从多方面影响受众，使之接受或认同传播者的意向。

（四）教育传播

教育传播是由教育者按照一定的要求，选定合适的信息内容，通过有效的媒体通道把知识、技能、思想、观念等传递给特定的教育对象的一种活动，是教育者和受教育者之间的信息交流活动。它的目的是促进学习者的全面发展，培养社会所需的各种人才。

与其他传播活动相比，教育传播具有以下特点：

（1）明确的目的性。教育传播是以培养人才为目的的活动。

（2）内容的严格规定性。教育传播的内容是按照教学计划和教学大纲的要求严格规定的。

（3）受者的特定性。

（4）媒体和传播通道的多样性。在教育传播中，教育者既可以充分发挥口语和形体语言的作用，又可以用板书、模型、幻灯、电视等作媒体；既可以是面对面的交流，也可以是远距离的传播。

（五）网络传播

若按媒体分类，现代传播又可分为书刊传播、电话传播、电报传播、广播传播、电视传播和网络传播等。网络传播是以计算机网络为物质载体进行传递或交流信息的行为和过程，是一种新的传播方式。网络传播既是对传统传播的一种继承，又具有以下自身的特征：

（1）传播的数字化。网络是以信息技术为基础的高速数据传递系统，只传递 0 和 1 的数字。

（2）传播的互动性。网络公众通过 BBS 论坛、QQ 聊天室和网络调查等方式实现即时的信息交流、情感沟通。

（3）传播的快捷性。网络传播省略了传统媒体的印刷、制作、运输、发行等中间环节，发布的信息能在瞬间传递给受众，而且网络传播的内容可以方便地实现刷新，在内容上具有极强的时效性。

（4）信息的大容量。互联网实现了在线资源共享，任何资料库内的信息资源只要联网，都可成为公众的共享资源。

（5）检索的便利性。利用搜索引擎或新闻站点等多种检索方式，可以快速地获得自己所需的信息。

（6）媒体的综合性。网络综合了报纸、广播、电视等传统传播方式，将文字、图片、声音、图像综合为一体，为公众提供全方位的信息。

（7）信息的再生性。网络中传播的信息可以复制或打印，成为个人信息。

（8）传播的开放性。网络的开放性体现在传播对象的平等性和传播范围的广阔性。

（9）传播的选择性。网络传播的网站众多，内容丰富且分工精细，网民选择范围极为宽广，每位网民都可自由选择适合的个性化网站。

二、传播模式

传播学者研究传播过程，都毫不例外地把传播过程分解成若干个要素，然后用一定方式去研究这些要素之间的相互联系与相互作用，这样就构成了多种多样的研究传播过程的模式。这里介绍几种有代表性的模式。

（一）拉斯威尔的传播理论模式

拉斯威尔的传播理论是传播研究中最有名的描述传播行为的一个简便方法，即回答下列五个问题：谁、说什么、通过什么渠道、向谁说、产生什么效果。

拉斯威尔传播理论明确地说明了传播的概念和过程，以及传播的基本要素，是传播的基本理论。拉斯威尔传播模式在大众传播中获得了广泛的应用。但这一模式过于简单，存在以下明显的缺陷：首先，它忽略了"反馈"的要素。它是一种单向的而不是双向的模式，由于他的模式的影响，过去的传播研究忽略了反馈过程的研究。其次，这个模式没有重视"为什么"或动机的研究问题。在动机方面，值得重视的有两种：一是受众为何使用传播媒体。二是传播者和传播组织为什么去传播。

现代教育技术应用拉斯威尔"5W"（What、Why、Who、When、Where）模式，主要是发挥传者（教师）、受者（学生）的主动性和积极性，选择和组合适合教育内容的现代教育媒体，通过这些媒体将信息直接或间接地传递给受者，并通过实践检验或证明其产生的效果，因此，此模式对指导现代媒体教学有一定的作用。

（二）香农—韦弗的传播模式

1949 年，传播理论的奠基人、数学家香农和韦弗从电话、电报的传播模式出发，运用数理统计方法，建立了研究信息处理和信息传递科学。

香农—韦弗传播模式认为，传播过程是"信源"即传者，把要提供的信息经过"编码"，即转变成某种符号，如声音、文字、图片、图像等，通过一种或多种媒体传出。"信宿"即受者，接收这些经过"译码"（即解释符号）的信息符号。有效的信息传播需要传者的经验与受者的经验有一部分重叠，否则受者难以理解或正确认识。在信息传播过程中有环境的干扰，或受者在处理收到的信息时会有反应，这种反应通过一定的渠道反馈给传者，传者根据反馈的情况重新设计或修改传播内容，使之更适合受者的需要，提高传播效果。香农—

韦弗的传播理论最大贡献是在传播过程中引入了"反馈原理"。

在教学过程中，学生感受和译码后其（学习的）结果（通过提问、测试或学生的表情等反应）反馈给教师，教师根据反馈的信息，调整信息传递的速度、方法，也可通过认可、表扬、指正等方式指导学生顺利地获得信息。反馈环节现在被普遍认为是教学过程中不可缺少的，没有反馈，就不能作为一个完整的教学过程。现代教育技术采用香农的模式，主要在于选择、制作适合表达和传播相应教育信息的现代教育媒体，掌握师生经验的重叠范围，及时分析来自各种渠道的反馈信息，以取得教育的最优化。

（三）韦斯特莱的传播模式

韦斯特莱传播理论是一种控制论的模式，强调传播行为有目的、有计划地进行。

韦斯特莱传播理论的特点是传播的信息必须经过"把关人"的过渡环节，且需要有反馈。现代教育技术是利用现代教育媒体传播教育信息的，这种教育信息也应由把关人选择、过滤。在教育信息的传播过程中，通常 A 为教材的编制者，C 是授课的教师，B 是学习者。在这个过程中，教师起到把关人的作用，教师要获得最佳的教学效果，必须听取来自各方面的意见，即必须及时分析各个渠道的反馈信息。教材的编制者也应获取教师和学习者的反馈信息，提高教材的质量。只有从教学的整体观点来考虑，才能使教学过程最优化。

（四）贝罗的传播模式

贝罗传播模式综合了哲学、心理学、语言学、人类学、大众传播学、行为科学等新理论，解释了在传播过程中的各个不同要素。这一模式把传播过程分解为四个基本要素：信源、信息、通道和受传者。贝罗模式也叫 SMCR 模式，S 代表信息源 SOURCE，M 代表信息 MESSAGE，C 代表通道 CHANNEL，R 代表接受者 RECETXTR。贝罗模式明确而形象地说明了影响信息源、接受者和信息实现等传播功能的条件。

1. 信源和编码者

研究信息源的因素分述如下：

传播技术：信息源不论是以说话还是写作方式来传播，必须讲究传播的方式，才能保持信息本身的真实性和趣味性。传播技术包括语言（如语言的清晰和说话的技巧）、文字（如文字写作的技巧）、思想（如思维周密）、手势（如动作自然）及表情（如逼真）等。

态度：传播者是否喜爱传播的主题，是否有明确的传播目的，对受传者是否有足够的了解。

知识：传播者对传播的内容是否彻底了解，是否有丰富的知识。

社会系统：传播者在社会中的地位、影响与威信如何。

文化：传播者的学历、经历和文化背景怎样。

2. 受传者

信息源与受传者虽然分别处在传播过程的两端，但是在传播过程中，信息源——传播者可以变为受传者，受传者也可以变为传播者——信息源。所以，影响受传者的因素与传播者相同，也是传播技术、态度、知识、社会系统与文化诸项因素。

3. 信息

影响信息的因素有如下几项：

符号：包括语言、文字、图像与音乐等。

内容：为达到传播目的而选取的材料，包括信息的成分与结构。

处理："传播者"对选择及安排符号和内容所做的种种决定。

通道：传播信息的各种工具，如各种感觉器官，载送信息的声、光、空气、电波、报纸、杂志、播音、电影、电视、电话、唱片、图画、图表等。在传播过程中，信息的内容、符号及处理方式均会影响通道的选择。如哪些信息适合于语言传送；哪些信息适合于视觉方式传送；哪些信息适合于触觉、嗅觉、味觉方式传送。

贝罗的传播模式比较适合用于研究和解释教学传播系统的要素与结构。该模式现在常被用来解释教育传播过程，如"S—M—C—R"相当于"教师—课业—手段—学生"。它说明在教育传播过程中，影响和决定教学信息传播的效率和效果的因素是多方面的、复杂的，各因素间既相互联系又相互制约。

三、教育传播过程

教育传播是一种以培养和训练人为目的而进行的传播活动。在教育传播中，构成传播系统的要素包括教育者、教育信息、受教育者、媒体、通道、环境等。教育传播过程是教育者借助教育媒体向受教育者传递与交换教育信息的过程。通过信息的控制，这些要素之间相互作用，形成一个连续的动态过程。这一过程可分为六个阶段：确定教育传播信息；选择教育传播媒体；通道传送；接收与解释；评价与反馈；调整再传送。

（一）确定教育传播信息

教育传播过程的第一步是确定传送的教育信息，传送什么信息要依据教育目的和课程的教学培养目标而定。一般来说，课程的文字教材是按照教学大纲编写的，通常体现了要传送的教育信息。因此，在这一传播阶段，教育者要认真钻研文字教材，对每章节的教学内容进行分析，将内容分解为若干个知识点，并确定每个知识点对学习者要达到的学习水平。

（二）选择教育传播媒体

选择教育传播媒体去呈现要传送的信息，实质就是编码的过程。某种信息该用何种符号和信号的媒体去呈现或传送是一个复杂的问题，要用一套理论与方法去指导。一般来说，一是选择的媒体能准确地呈现信息内容。二是选用的媒体符合学习者的经验与知识水平，容易被接受和理解。三是选用的媒体容易取得，需付出的代价较少，却能取得较好的传播效果。依据这些原则，教育者应在分析教育信息和教育对象的基础上，首先在现有的媒体中选择合适的，其次是去购置，最后是自行设计和编制新的教育传播媒体。

（三）通道传送

在这阶段，教育传播通道通过教育媒体传送出信号，也称施教阶段。在这里首先要解决两个问题：一是信号要传递多远，多大范围。如课堂教学传播，教学对象是几十至几百人，范围是在几十至几百米之间。如果是远距离教育传播，则要将信号传到几百甚至几千千米之外，受教育的对象可以有千千万万之多。因此，要根据信号的传送要求，选好传送通道，保证信号的传送质量。二是信息内容的传送先后顺序问题。在任何课堂教学传播中，每一节课，从开始至结束，教师何时口语传播，何时利用幻灯媒体，何时利用电视媒体，都要遵循课程的教学结构。在远距离教学传播过程中，无论用广播、电视媒体，还是寄发印刷媒体，也有一个学习的先后顺序。因此，在通道传送前，教育者必须做好每一次传送的结构设计，在通道传送时，有步骤地按照教学结构方案去传送信号。通道传送应尽量减少各种干扰，确保传送信号的质量。

（四）接收与解释

在这一阶段，受教育者接收信号并将它解释为信息意义，也就是信息译码阶段。受教育者首先通过视、听、触等感觉器官接收传来的信号，信号对感官的刺激通过神经系统传至中枢神经，通过分析将它转换为相应的符号。然后，受教育者依据自身的知识与经验，将符号解释为信息意义，并将它储存在大脑中。

（五）评价与反馈

受教育者接收信号解释信息之后，增加了知识，提高了能力，但能否达到预定的教学目标，还要进行评价。评价的方式方法很多，比如，可以观察学生的行为变化，也可以利用课堂提问、课堂作业以及阶段性的考试等。评价的结果是教育传播过程中一种非常重要的反馈信息。

（六）调整再传送

通过掌握的反馈信息与预定的教学目标比较，发现教育传播过程中的不足，再次调整教育信息、教育媒体和教育传送通道，进行再次传播。如在课堂提问时发现问题，即时调整传播；在课后作业、考试中发现问题，可进行集体或个别辅导；在远距离教学的作业中发现问题，可以补发辅导资料，或者可能时集中在一处做面对面的辅导等。

四、教育传播的基本原理

教育传播的最终目的，是要取得良好的教育传播效果。教育传播效果是指在一定的教育传播过程完成之后，受教育者在知识、能力和行为等方面所发生的变化，以及与此相关的教学效率、教育规模等。研究发现，教育传播要取得好的效果需遵循一些原理或规律，其中利用媒体进行传播的几个主要原理如下：

（一）共同经验原理

教育传播是一种信息传递与交换的活动，教师与学生的沟通必须建立在双方共同经验范围内。一方面，对学生缺乏直接经验的事物，要利用直观的教育媒体帮助学生获得间接的经验。另一方面，教育媒体的选择与设计必须充分考虑学生的经验。

（二）抽象层次原理

抽象层次高的符号能简明地表达更多的具体意义。但抽象层次越高，理解便越难，引起误会的机会也越大。所以，在教育传播中，各种信息符号的抽象程度必须掌握在学生能明白的范围内，并且要在这范围内的各抽象层次中上下移动。

（三）重复作用原理

重复作用是将一个概念在不同的场合或用不同的方式去重复呈现。它有两层含义：一是将一个概念在不同的场合重复呈现。如在几个不同的场合下接触某个外语生词，以达到长时记忆。二是将一个概念用不同的方式去重复呈现。如同时或先后用文字、声音、图像去呈现某一概念，以加深理解。

（四）信息来源原理

一般来说，有权威、有信誉的人说的话容易为对方所接受。资料来源直接影响传播的效果。因此，在教育传播中，作为教育信息主要来源之一的教师，应树立为学生认可的形象与权威。所用的教材与教学软件，其内容来源应该正确、真实、可靠。

第四节　系统科学理论

1932年，美籍奥地利生物学家贝塔朗菲提出了一般系统论，认为系统是"统体的完整性"，是"相互作用的诸要素的整合体"。他的重要贡献之一是建立关于生命组织的机体论，并由此发展成一般系统论。1937年，他提出了一般系统论的初步框架，1945年在《德国哲学周刊》18期上发表《关于一般系统论》的文章，但不久毁于战火，未被人们注意。1947年他在美国讲学时再次提出系统论思想。以后，贝塔朗菲又进一步发展和完善了他的一般系统论，从而丰富了系统和要素的概念。在系统论迅速发展的同时，1948年，维纳创立了控制论，香农创立了信息论。1950年贝塔朗菲发表《物理学和生物学中的开放系统理论》，1955年出版专著《一般系统论》，成为该领域的奠基性著作。1972年他发表《一般系统论的历史和现状》，把一般系统论扩展到系统科学范畴，同时也提及生物技术。1973年他在修订版《一般系统论：基础、发展与应用》中再次阐述了机体生物学的系统与整合概念，提出开放系统论用于生物学研究，以及采用计算机方法与建立数学模型，提出了几个典型数学方程式。

系统论、控制论和信息论各有其相对独立的理论与观点，但它们之间又相互渗透、相互交叉、密不可分，组成了系统科学理论。它是现代科学研究的一般方法论，对教育技术的形成与发展产生了重要影响。

一、系统论

系统论是研究一切系统的模式、原理和规律的科学。系统是由相互作用和相互联系的若干组成部分结合而成的、具有特定功能的统一的整体。系统论认为，世界上一切事物、现象和过程几乎都是有机整体，且又都自成系统、互为系统；每个系统都是在与环境发生物质、能量、信息的交换中变化发展，并能保持动态稳定的开放系统；系统内部及系统之间保持一种有序状态。如果这种有序状态失衡，系统就不稳固并会产生故障。

教育系统是一个整体。它由教育者信息源、传输信道、学习者接收信息以及干扰部分组成。系统论促使我们以整体、综合的观点来考察教育教学过程与现象，运用系统方法来分析和解决教育教学问题。

二、控制论

控制论是研究生物系统和机器系统中的控制和通信的科学。所谓控制，是指通过反馈实现有目的的活动。而反馈则是指系统的输出转变为系统的输入这一过程。随着控制论的创立而发展起来的反馈控制方法和功能模拟方法等在教育技术中有着十分重要的地位。

反馈控制方法是指把系统输出的信息返回到输入端，对系统的输入和再输出施加影响，从而使系统能稳定地保持在某种状态或按照一定路径达到预定目标的方法。一个有效的教育教学系统，必须有一个良好的反馈控制系统。我们知道，教育系统实质上是教育信息传播和反馈的过程。教师备课就是将教育信息的储存状态重新组成输入状态，并考虑以怎样的表达方式和顺序传递给学生。在传递过程中，教师要运用反馈原理，不断从学生的反馈信息中获得调节和控制的依据，从而了解情况、发现问题，进而改进教法、优化效果。学生也可以从教师那里获得反馈评价，了解自己的学习情况及存在的问题，从而改进学习方法，提高学习效率。

功能模拟方法是指在没有搞清楚或不可能搞清楚其系统原型内部结构的条件下，用一个与它的内部结构不同的模型来实现与原型相似的功能的方法。在教育技术中，功能模拟方法被广泛采用。更重要的是，功能模拟方法启示人们用机器来代替人脑的部分功能，用计算机系统去完成人脑系统才能完成的工作，所以说控制论的发展导致了人工智能的发展。从发展的角度看，人工智能将成为一种重要的教育技术手段。

三、信息论

信息论是研究各种系统中信息的计量、传递、变换、储存和使用规律的科学。信息普遍存在于自然、社会和人类思维之中，它是一切系统保持一定结构、实现其功能的基础。信息论认为，系统正是通过获取、传递、加工与处理信息而实现其有目的的运动的。

由于受信息论的影响，人们对教学过程的认识不再仅仅局限于"教学过程是一种特殊的认识过程"这一抽象的概括上，而将教学过程具体化为"教学信息交换的过程"，认为学生与教师、同学、教材、教学环境之间，以及教师与学生、教材、同事、教学环境之间所存在的信息交换关系，应是研究教学过程的重点之所在。如何对教学信息进行分析与处理，如何分析教育教学系统中的信息传播特点与规律，这就是教育技术关注的问题。信息论为解决这些问题提供了很好的思路与方法。

四、系统科学的基本原理

系统科学理论可以归纳为三个基本原理，它们是反馈原理、有序原理和整体原理，三者构成了比较完整的理论体系。

（一）反馈原理

任何系统只有通过反馈信息才可能实现有效的控制，从而达到预期的目的。

被控系统既有信息输入，又有信息输出。从信息的输入到信息的输出，再反馈到信息的输入，形成一个回路。没有反馈信息的回路，是不可能实现控制的。系统的控制部分正是根据反馈信息才能比较、纠正和调整它发出的控制信息。在教育教学系统中，反馈原理具有普遍的指导意义。

（二）有序原理

系统内部各要素有其排列组合的顺序、层次，其组织形式构成系统的结构。系统的结构决定系统的功能，不同的结构可以产生不同的功能。所以，要重视系统内部各要素的合理组织，重视系统的有序程度，发挥系统的最佳功能。

系统与外部环境存在着联系与制约，系统、环境与要素是有密切联系的。一种事物总是存在于某种系统之中，从而成为该系统中的一个要素。一切事物又自成系统，有其内部结构。对于一个特定系统来说，其他系统则是该系统存在的外部环境。所以，系统、要素和环境三者是有机统一的关系，是相互联系和相互制约的。

一个系统如果与环境有输入——输出关系，即与外界有物质、能量、信息交换，则该系统称为开放系统。开放系统总是要适应外界环境的变化而调整自己的结构，系统由较低级的结构转变为较高级的结构称为有序，反之称为无序。系统从无序走向有序，就是系统的发展，反之则为系统的退化。系统的发展进化是一个不断从简单到复杂、从低级到高级的有序化组织过程。根据有序原理，在研究与处理教育教学问题时，应注意教学系统与环境的关系，重视对构成教学系统的要素加以注意和选择，更要特别重视教学系统内部各要素的组织，以充分发挥教学系统的功能。

（三）整体原理

任何系统都是一个有结构的整体，即系统是由若干相互联系、相互作用的要素构成的整体。但是在功能上，系统的整体功能并不是简单的各个部分功能的总和，而是等于各部分功能的总和加上各部分相互联系形成结构产生的功能。

整体原理要求我们在研究教育教学问题时，需具有整体意识，不仅要注意发挥系统中各部分的功能，更重要的是注意发挥各部分相互联系所形成结构的功能，达到教育教学系统的优化。

第五节　教学理论

教学理论也被称为教学论，是研究教师教学行为及其对学生学习产生影响的各种途径和方法的学科。它主要关注两方面的问题：一是教师的教学是如何影响学生的学习的。二是怎么教才是最有效的，也就是教学策略和教学设计方面的问题。教学理论对于理解教育技术与教学之间的关系十分重要，它可以指导教育技术与教学活动恰当地整合在一起。

一、几种对教育技术有影响的教学理论

历史上出现过很多教学理论，下面选择部分理论进行简单的阐述。

1. 布鲁姆的"掌握学习"教学理论

"掌握学习"基本理念是只要给学生明确的学习目标、适当的材料和足够的学习时间，所有学生都能学好。采用班级授课与个别化教学相结合的方法，它由以下五个环节组成：

（1）单元教学目标的设计。教学的质量首先表现为对教学任务目标的表述是否清晰，每一个学习者是否都能清楚地知道自己将要学什么。布鲁姆通过对教学目标分类的研究，提出一种清楚表述教学目标的行为标准，通过对是否具备该行为的测定，可以了解其达标的程度。

（2）依据单元教学目标的群体教学。"掌握学习"教学是试图达到群体教学个别化的教学模式，其设想是在不影响传统班级集体授课的前提下，使绝大多数学生达到优良成绩，所以，其课堂教学仍采用通常的集体授课形式。但在教授新课前，会给予学生学习新知识所必需的准备，选择一种适宜学生学习的教学方法。

（3）形成性测验。在实施单元集体授课之后，就要进行形成性测验。形成性测验的题目与教学目标相匹配，以便能够对学生的学习情况进行诊断。这种诊断不仅要反映学生对教学内容掌握的广度，也要反映出对教学内容掌握的深度。

（4）矫正学习。形成性测验之后，将学生分成达标组和未达标组两部分。对未达标组应该进行必要的、补偿性的矫正学习。矫正学习是为了给予那些在群体学习中学习速度比较慢的学生以额外的学习时间。矫正学习不是简单地重复教学内容，而是采取多种方法进行达标学习。矫正学习成功的关键是要有针对性很强的个别化指导。

（5）形成性评价。形成性评价是最终检验学生达标的情况，其测试题和形成性测验相比指向更明确，对于在形成性测验中大多通过的测量可以不再出现。形成性评价通常针对两种情况进行检查：一种是学生易犯的错误，另一种是与下一单元关联性特别强的准备知识。

2. 巴班斯基的"最优化教学"

苏联心理学家巴班斯基认为，教学过程是否达到最优化有两个基本标准：其一是效果与质量的标准，这是指在具体的条件下，尽可能发挥最高的效率，使学生获得最大的发展。其二是时间标准，即教师必须在尽可能少的时间内去完成教学的要求。最优化教学提出以下六个基本环节：

（1）教学目的与教学任务的分析。教师应领会教学任务，并在全面分析的基础上使之具体化。

（2）学生学习情况分析。根据教学对象的具体情况和课时数设计学习的进度，分析对学生来说较难的教学内容。

（3）教师的自我分析。包括教师对教学技能和技巧驾驭的熟练程度与特长，对班级的情况掌握等。

（4）综合教学手段与方法。在上述分析的基础上选择已知条件下解决教学任务的最佳综合性手段与方法。

（5）逐步完成教学任务。在一定课时内，逐步完成规定的教学任务。

（6）分析完成情况。按最优化的标准分析完成教学任务的情况。

3. 布鲁纳的"发现教学法"

布鲁纳根据自己的"发现学习理论"，提出了所谓的"发现教学法"。发现教学法可以帮助学生形成对自己学习负责的态度，强调高度的思维，注重内在而非外在动机，并且帮助学生记住重要的信息。发现教学法的实施需要注意以下四个方面：

（1）要让学生在学习情境中，经由主动发现而获得知识，教师必须先将学习情境及教材性质解说得非常清楚。

（2）教师在从事教学时，必须首先考虑学生原有的经验，将所授教材做适当组织，以使每个学生学到知识。

（3）教材的难度与逻辑上的先后顺序，必须针对学生的智力发展水平及认知表征方式作适当的安排，以便学生的知识经验前后衔接，从而产生正向学习迁移。

（4）在教材难易安排上，必须考虑学生学习动机的维持，教材太容易，学生会减少成就感；教材太深，又易产生失败感。因而适度地调整教材的难易程度才能维持学生内在的动机。

4. 奥苏贝尔的"先行组织者"教学策略

奥苏贝尔的学习理论强调利用适当的引导性材料对当前新内容加以定向与引导，这种引导性材料就称为"组织者"。由于这种组织者通常是在介绍当前学习内容之前呈现的，所以又被称为"先行组织者"。

"先行组织者"策略尽管不能说是一个完整的教学理论，但作为一种有效的教学策略，具有很大的影响。其基本做法是：首先确定先行组织者，设计教学内容的组织策略；然后根据先行组织者类型（上位组织者、下位组织者、并列组织者）的不同，对教学内容的组织相应地采用三种不同的策略，即"渐进分化"策略、"逐级归纳"策略和"整合协调"策略。

所谓渐进分化策略是指首先讲授最一般的、包容性最广、抽象概括程度最高的知识，然后，再根据包容性和抽象程度递减的次序逐渐将教学内容一步步分化，使之越来越具体、深入。例如数学定理的分级导出。

所谓逐级归纳策略是指应先讲授包容性最小、抽象概括程度最低的知识，然后根据包容性和抽象程度递增的次序逐级将教学内容一步步归纳起来，每归纳一步，包容性和抽象程度即提高一级。例如英语教学的语法知识的讲解。

渐进分化策略与逐级归纳策略正好是互逆过程。在教学中，可以通过整合协调策略的运用，使学习者原有认知结构中的有关要素被重新整合，以便把当前所学的新概念纳入认知结构的某一层次之中，从而得到新的、稳定且协调的认知结构形式。

5. 加涅的九段教学理论

加涅认为，学习的发生包括内部条件和外部条件。内部条件指的是学习者本身在学习前所具有的最初的能力、经验或已有的知识；外部条件则是指由于学习内容的不同而构成对学习者不同的条件。为学生的学习提供合适的外部条件就是教学的基本任务。好的教学应该使外部条件和内部条件的提供都经过计划安排，做出相应的教学设计。

加涅所说的内部条件，一方面包括学习的层次，即建立每一类学习所需求的必要条件而形成的学习活动的层次。另一方面是指对整个学习活动本身能得以发生的某些条件，也就是学习的准备性，它包括注意的定式、动机以及发展的准备情况等。

加涅认为，教学过程应由九个教学事件构成：引起注意、告诉学习者目标、刺激对先前学习的回忆、呈现刺激材料、提供学习指导、诱导学习表现（行为）、提供反馈、评价表现、促进记忆和迁移。同时还特别指出，这九个教学事件的展开是可能性最大、最合乎逻辑的顺序，但也并非机械刻板、一成不变的。也就是说，并非在每一堂课中都要提供全部的教学事件，应根据学生的特征适当选取需要的教学事件进行教学设计。

二、教学理论与教育技术

教育技术是在教学理论的指导下进行研究和实践的。由于不同的教学理论对教学过程的理解不同，因此形成了不同的教学方式和教学模式，它们对技术的理解和应用方式也存在着重大的差异。

依据师生活动的关系水平，目前在学校中采用的教学模式主要有三类：一是以教师活动为中心的模式；二是以学生活动为中心的模式；三是综合型模式（以教师为主导、学生为主体）。

以教师活动为中心的教学模式强调，教育技术是一种辅助手段，而且是辅助教师教学的演示工具。无论是投影仪、电视机或多媒体计算机，都采用同样的设计思想和应用模式。很多教师因此认为教育技术并不那么重要，从而阻碍了现代教育技术的广泛应用。另外，在此观念指导下的信息技术与课程整合，对教学模式和学习方式并没有实质性的改变。

以学生活动为中心的教学模式是在建构主义的影响下逐步发展起来的，强调为学生提供学习和探索的良好情境与资源。在网络技术飞速发展的同时，这一模式中的教育技术成为了促进学生自主学习的认知工具、情感激励工具，也是教师用以促进学生意义建构的重要手段，从而突破了信息技术与课程整合过于关注教学问题的局限性。但是，这种教学模式强调了学生的"学"，忽视了教师的主导作用，从而导致学生学习的知识多，但不够系统等问题。所以，在这一模式下，要充分发挥教师的主导作用。

综合型模式是结合两者的优势，使之相辅相成，做到既发挥教师的主导作用，更充分体现学生学习的主体作用；既注意教师的教，又注意学生的学，把教师和学生两方面的主动性和积极性都调动起来。在这种模式下，教育技术一方面是教师的教学媒介，另一方面也是学生学习和认知的工具，并且还可以成为连接教师和学生的桥梁。

　　教育技术的发展需要在各种理论的指导下得以进行，有效地将教育技术应用于课堂教学实践，也能使人们加深认识教学理论和学习理论的内涵。

第四章 现代教育的多元化模式

第一节 现代远程教育自主学习模式

随着现代信息技术与网络技术在教育领域的广泛应用，现代远程教育日益成为学生教育、继续教育的新形式，是传统教育的延伸和补充，对我国终身教育体系和学习型教育体系的形成起着重要作用。本节对构建现代远程教育自主学习模式的策略进行探讨，以进一步提升现代远程教育质量。

一、自主学习是现代远程教育的必然选择

现代远程教育是 20 世纪 60 年代随着信息技术的发展而出现的新型教育形式，它集面授、电视、网络教育的优势于一身，融文本、图片、音频、视频为一体，创造了在不同时间和空间下师生交流的虚拟课堂环境。国际远程教育专家德斯蒙德·基更于 1990 年概括出远程教育的 5 个特征：①在整个学习期间，教师和学习者处于准永久性分离状态。②教育组织通过规划培养方案和提供学习支持与服务来影响教学活动。③技术媒体（印刷媒体、视听媒体和计算机媒体）的使用把教师和学习者联系起来，并成为课程内容的载体。④提供双向通信，使学习者可以主动对话并从对话中受益。⑤在整个学习期间，准永久性地不设学习集体，学习者进行自主学习，但可根据教与学两方面的需求，召开必要的教学会议。

现代远程教育中教师和学习者处于准分离状态的特征，决定了现代远程教

育的学习者拥有较大的学习自主权,可以较为自由地决定学习时间、地点、内容、方法和进程。现代远程教育中学习者的学习成效直接取决于学习者的自我管理与自我控制能力。如果学习者能以学习目标为指引,自觉主动地确定学习目标、营造学习环境、选择学习方法、监控学习过程、评价学习结果,那么,学习者将会最大限度地实现学习目标。现代远程教育中学习者独立、自主、个性化、随时化的学习,与现代化学习方式——自主学习的特征是相一致的。自主学习的核心思想是学习者是学习的主体。学习者独有的认知结构、学习欲望和潜能为学习者独立学习提供了可能。通过积极的引导和支持,学习者能够对所从事和管理的学习活动及时进行自我总结、自我评价,及时对学习目标和学习计划进行调节。由于自主学习的理念有效地体现了现代远程教育的远距离网络教学特征,因此,在一定程度上讲,以自主学习为主要学习方式是现代远程教育的必然选择。

二、制约现代远程教育自主学习成效的主要因素

现代远程教育是利用网络技术、多媒体技术等现代信息技术手段开展的新型教育形态。这种新型教育形态的本质特征在于教师和学习者处于准分离状态,教学活动必须借助现代媒体技术来完成。现代远程教育中学习者的学习动机、网络学习的平台和学习者的学习策略是影响自主学习效果的关键因素。这主要是因为:第一,学习动机强度是制约自主学习效果的核心因素。学习动机是影响学习效果的非智力因素,学习动机的指向和水平直接影响学习行为和学业成就。不论何种形式的教育,学习动机强度都是制约学习效果的核心要素。认识现代远程教育学习者的学习动机的类型和特性,对于提供相应的教学策略和学习支持是十分必要的。现代远程教育改变了传统的以教师为中心的教学结构,教学形式由以教师的"教"为主变为以学员的"学"为主。如果学习者没有内在的学习需求,缺乏强烈的学习动机就难以有效地进行自主学习,难以有效地实现学习目标。第二,网络学习平台是学习者进行自主学习的基础。自主学习

的效果在一定程度上取决于外部环境所提供的支持与服务。由于现代远程教育的网络平台是教师、学习者互动的媒介与纽带，是学习者获取知识、信息的主渠道，因此，现代远程教育的网络学习平台是进行自主学习的基础。第三，学习策略是制约自主学习效率与效果的主要因素。所谓学习策略，就是学习者为了提高学习的效率和效果，有目的、有意识地制定有关学习过程的复杂方案，它既是内隐的规则系统，又是外显的程序和步骤。远程教育的学习者在学习过程中能否有效运用学习的规则、方法、技巧，并适时进行调整，决定了学习的效率与效果。

三、构建现代远程教育自主学习模式的策略

在现代远程教育环境下的自主学习是一种极具创造性的学习模式。然而，我们必须充分认识到，虽然现代远程教育蓬勃发展，但是由于长期以来受传统课堂教育教学模式的影响，学习者在学习心理、学习方式、学习方法、学习主动性和学习自我监控方面还不能适应现代远程教育网络学习的发展和需要，加之目前现代远程教育网上教学资源不够充分，学习者在学习过程中会受到尖锐的工学矛盾，以及学习者学习动机的激活程度等诸多因素的影响，很容易使学习者自主学习过程中断或半途而废，或无所适从，或为无法达到预期学习目标而苦恼，从而使自主学习的优势得不到应有发挥，无法达到预期效果。因此，要应用好现代远程教育的自主学习模式，还必须有一套行之有效的策略。

（一）倡导自主学习理念，增强自主学习的动力

培育学习者强烈的学习动机和浓厚的学习兴趣是保证自主学习有效进行的首要任务。制约和影响自主学习动机的因素是多方面的，有学者对此进行了综合性的专门分析和归纳，认为在所有认识到的成人学习动机中，求知兴趣驱使、个人职业发展、逃避现实或寻求刺激、为社会服务、来自外界的期望、扩展社交关系六种参与学习活动的动机类型是最为常见、最有普遍性的。但是，很多学员的学习动机都带有很强的功利性因素，他们只重视学习的最终结果或文凭，

而非学习知识和提高能力。因此，要培育和激发自主学习动机，需要社会、教育机构和学习者的共同关心和努力。

第一，要营造有利于自主学习的社会氛围。正确理解和认识培养自主学习能力对于个体、单位及社会具有的重要价值，充分认识到现代远程教育对于造就大批高素质劳动者、推进学习型社会建设和构建终身学习教育体系的现实意义，树立科学的人才观，建立健全人才评价及使用机制，不唯学历，不唯资历，不拘一格选人才，只有这样，才能使学习者有自主学习的动力和压力，使学习动机由单纯地追求文凭转为求知和提高能力。

第二，要确立以学习者为中心的思想，将自主学习理念融入学习资源和教学策略的设计和开发中，以自主学习理念来设立学习目标、组织学习材料、设计教学方案、实施教学活动。改变过于强调接受学习的现状，以引导、启发为主要方式来激发学习者的主动探究、乐于探究、勤于动手的兴趣，培养学习者搜集、处理信息和获取新知识的能力，培养学习者分析、解决问题的能力以及交流与合作的能力。

第三，要在教学活动中充分发挥教师的主导作用，体现学习者的主体地位。现代远程教育中教师的作用不再是将现有的知识体系呈现给学习者，以知识传授为主，而主要是指导学习者开展自主学习，帮助学习者学会学习，学会运用自己的头脑获取新知识，实现真正意义上的自主学习。教师要经常引导学习者认识学习的必要性和迫切性，激发学习者自觉学习的热情，并关注学习者学习需求，尤其是要帮助他们消除学习障碍，巩固学习者的学习动机。教师在学习指导中要善于引发学习者对新知识的好奇和探求之心，着力创设问题情境，激发学习者渴求知识的浓厚兴趣，让学习者产生积极的情感和愿望。

第四，要防止出现以"学习者为主体"的异化现象，即在现代远程教育中过于片面强调学习者的主体地位，从而产生全盘否定接受式学习方式的现象，如过于片面强调学习者的主体地位、片面强调网络在学习中的作用、过分依赖学习者的自我调控能力等现象。这不但无助于激发学习兴趣，反而造成学习者对学习漠不关心，降低自主学习的愿望。

（二）发挥现代信息技术作用，构建自主学习的平台与环境

在现代远程教育的教学过程中，施教者通过运用现代教育技术手段，开发和发送课程以及向学习者提供学习支持服务来实现与完成教学任务。学习者主要依赖计算机网络教学平台和应用多种媒体教学资源来获取教学信息，学习知识与技能，并得到教师的指导与帮助。在远程教学过程中，教学的意图、思路、观点等都必须通过多种媒体教学资源来体现。多种媒体教学资源的制作与运用效果在很大程度上决定了现代远程教育的教学质量。因此，优化现代远程教育媒体教学资源和网络教学平台已成为提高现代远程教育教学质量的关键。发挥多媒体计算机和网络技术的特性，现代远程教育可以创设出有利于自主学习的网络平台与环境，并在网络教学过程中有效地支持和帮助学习者提高自主学习的能力，实现个体的充分发展。

创设出有利于激发学习者学习兴趣、使学习者产生强烈学习欲望的自主在线学习平台和网络学习环境的关键在于将现代信息技术特性与先进的教学方法和学习理念相结合。一是要借助多媒体技术和网络技术所具有的特性，将文、图、声、像等不同媒体信息加以整合；将讲解、演示、测验等不同教学内容加以整合，将预备知识、当前知识与扩展知识加以整合，构建一个丰富而生动的网络学习平台与环境。二是利用多媒体计算机人机交互性强的特性，进行发现式教学。发现式教学是一种现代启发式教学方法，是根据学习者已有的认知结构特点设定问题、设置情景，并提出假设与提示各种可能，让学习者带着疑问去学习、探索的教学方法。通过将解决问题的各种思考过程装入教学程序，让学习者根据计算机的提示，寻求解决问题的思路和方法，步步求解问题，发现和掌握规律。这有助于提高学习者的分析判断能力、逻辑思维能力、钻研求知能力及解决问题能力，可以将学习知识与增强能力有机统一起来，将信息交流与开发智能有机结合起来。三是利用非线性的多媒体信息结构和信息管理技术，实现对学习资源、教学策略的合理设计，提供以异步学习为主、同步学习为辅的学习条件，形成便于学习者异步学习、自由配置学习进度的支持机制。学习者可以根据自

己的兴趣、基础和学习需求选择适合的学习内容和学习策略，从一个主题跳转到另一个主题，从一个概念跳到相关的演示，灵活地在各知识点上自由浏览，使学习者成为信息处理的决策者，自由地选择最适合自己的方式。

（三）培养学习者自主学习能力，制定自主学习策略

自主学习能力的不足与缺失是影响现代远程教育学习效率与效果的主要因素。现代远程教育环境的学习者大多离校已久，对学习心存畏惧，不懂得怎样结合自己、专业和学科特点选择合适的学习策略。他们在自主学习中，面对众多的学习资源、学习媒体、学习手段和学习方式，往往不知所措，致使学习常常事倍功半，迷茫感和挫折感越来越强。因此，现代远程教育要从培养和开发自主学习能力入手，为学习者的自主学习过程提供持续的支持和监控，引导学习者制定自主学习策略。帮助学习者了解自主学习的特点、规律、规则，强化学习者使用在线学习平台进行自主学习的能力。同时，帮助学习者认识自我和分析学习任务，指导学习者合理安排学习时间、学习内容和选择学习方法等，使他们逐步具备自我管理和监控的能力，根据自己的学习需求、个性差异和学习风格，制定符合自身特点的学习策略。此外，远程教育还要设置以自主学习为导向的学习目标与步骤，提供有利于自主学习的资源与信息，帮助学习者理解和建构新知识。教师要借助网络互动随时了解学习者的动态与学习效果，及时解决学习者遇到的困难，及时调整教学策略与手段，调整自己的知识传递内容和传递方式，使之恰到好处地适合学习者学习的需要，为自主学习提供教学支持与服务。

（四）加强在线交流与互动，提高自主学习的效率与效果

现代远程教育学习平台最突出的优点是可以使远程教学活动成为一种新型的远程双向交互教学。研究表明，学习者在与比自己水平稍高的成员的交往中有利于将潜在的发展转化为现实的发展，并会创造出更大的发展可能。而与水平稍低于自己的学习者交往，充当指导者的角色，有利于知识的巩固和查缺补漏。由于现代远程教育的学习者的认知结构和认知水平不尽相同，生活经验与

工作经验各有差异，因此，引导学习者在线交流，使学习者之间能够相互启发，并进行适当的竞争和协作，有助于提升学习者自主学习的信心，提高自主学习的效率与效果。这主要表现在：在线交流与互动便于教师对所有学习者进行测试，并对结果进行分析，从而了解学习者的总体水平和差异，了解他们对知识的理解、掌握程度，以便及时调整教学进度、内容和方法。在线交流、互动为学习者与智能导师、在线专家、教师或是同伴交流创造了条件，使学习者能够及时了解教师的反馈和评价，使学习者可以自由地发表自己的意见、观点、看法，使学习者与教师之间、学习者与学习者之间可以方便地进行思维的碰撞，达到知识、信息高度共享和情感的相互交流，加深理解学习内容的意义，获得更为全面的专业知识的目的。在线交流与互动可以增强彼此了解，形成民主平等的教学氛围，使教学真正成为师生之间平等交往、真切互动和合作探究的舞台，进而化解时空分离的隔阂，减轻远程学习者个人学习的孤独感，满足学习者社会性交往的需求。

（五）以学习需求为导向，构建质量控制体系

现代远程自主学习并不等于让学习者放任自流，而是有科学、严格的质量标准与质量控制体系，任何忽视远程自主学习质量的态度，都与远程教育的理念相悖。设立现代远程教育质量标准与控制体系，检视课程的目标、内容、资源分配和预计的结果，确保课程能充分配合自主学习的需要，是实施自主学习的制度保证。现代远程教育中的自主学习特点决定了质量标准与控制体系不能简单地参照传统课堂教学设立，而要以人才培养目标为出发点，以学习者的心理、生理特性为基础，以网络平台的技术特性为手段，既要能客观地衡量学习效率与效果，又要使学习者乐于接受和认同，避免出现伤害学习者的学习热情、束缚自主学习的标准和体系。

全面质量管理是由顾客的需要和期望驱动的管理哲学。现代远程自主学习质量标准设定与控制要基于全面质量管理的理念进行构建。全面质量管理原本是企业界的一种管理思想与实践，是一种通过使用各种工具、技术和培训的整合系统来让顾客感到满意的管理理论与实践，是一种组织文化承诺。全面质量

管理理论包括为用户服务、全面管理、预防为主和用数据说话四个主要内容。在现代远程教育中实施全面质量管理，一是办学机构要根据市场需求制定人才培养目标，以本地区和本校学科的优势来制定学科方向，并设计多元化的教学目标，满足学习者和用人单位的现实需求，这是现代远程教学发展的方向和存在的市场基础。二是要把专业技术、管理技术和数理统计技术集合在一起，建立以预防为主、用数据说话的全方位、全过程的科学严密高效的质量保证体系，从制度上保证教学质量不断提高。以预防为主，就是对现代远程教育教学质量进行事前控制，把影响教学质量的不利因素消灭在萌芽状态，使每个教学环节都处于可控制的状态；用数据说话，就是对正确的数据资料进行加工、分析和处理，找出现代远程教育的规律，再结合专业技术和实际情况，对存在的问题做出正确判断，并采取有效措施加以解决；全方位、全过程的监控就是要对自主学习的全过程进行检测，对自主学习的资源、计划、完成学习任务的时间、学习技术环境等方面进行实时和非实时监控，使每个教学环节都处于可控制的状态，以形成远程自主学习的制度文化。

第二节　现代教育技术与新型教学模式

教育技术与现代教育技术有着根本的区别。我们平时所说的教育技术也就是传统的教育手段，即通过粉笔、黑板、教材等以一些基础的硬件设施为基础的教学方法和手段。而现代教育技术，从字面上看，只是多了"现代"两字，但意义却变得更加深远，它已经脱离了传统教学方式的束缚，向着现代化、网络化、信息化的模式发展，所以，现代教育技术是以信息技术为根本的、通过计算机程序及网络信息进行更深入的教学，为培养综合型、全能型的人才而服务的。也就是说，现代教育技术更好地利用一些高科技的软件为教师的课堂教学服务，把各种网络技术融入辅助教学当中，改变传统教学中"三点一线"的陈旧思想和观念，把多元化、多层次、全方位的新型教育平台展现在学生们面前，给他们更多的学习资源，让他们学到更多的知识。

一、进行新型教学模式初探的必要性

（一）教育体制改革的需要

我国教育体制经过几番改革与创新，目的就是要提高当代学生的适应能力，加强他们的素养，培养专业性强、综合素质高的全能型人才，以此增强学生们的创造性能力和逻辑思维能力。另外，对于他们的实践性操作能力和创新性能力也要进行一定的激发，使之走上社会以后，不论在哪个工作岗位都能成为德才兼备的人才，成为企业的骨干力量，为我国的经济建设起到推动作用。

（二）学校发展的需要

教育体制发展到一定的阶段，必定会出现一些不适应社会进步的状况，比如说传统的教学模式已经不能满足社会的需求及学生的需要，那么，学校就要在此基础上进行改革，用新型教学模式来替代它，否则将会被时代的洪水淹没。而就当下的形势来看，高新、高端、高科技的互联网技术已经渗透到全国各个领域，而且被广泛应用，作为21世纪的社会主义事业接班人，如果没有掌握网络信息的基础知识，将来走上社会后肯定会被淘汰。所以，学校在不断发展的道路上一定要结合我国科技水平，用现代化的教育技术来教育现代学生，让学生的学习能力能适应新时代的变化，走在新时代的前端。

（三）学生自我成长的需要

在社会竞争越来越激烈的今天，为了适应发展的需要，我国的计划经济体制因为不能适应社会的发展而被市场经济体制替代，而学校的教育体制也因为不能为社会培养出所需要的人才而进行着变革，这就直接导致学校的教育技术要进行质的转变和飞跃，要进行新模式的应用与创新。只有这样，才能为当代的青少年服务。现代青少年已经不同于以往年代的年轻人，他们成熟较早，思想也较为独立，接触各类网络信息也较多，所以学生自身的需求也比较大，如果教师或学校还停留在陈旧的教学模式中，就会使学生感到无趣和反感。所以，只有不断地把新型的现代教育技术进行不断的修炼和融入，才能让学生们在各种网络资源的熏陶下得以进步，迅速发展。

二、新型现代教育技术及教学模式

（一）利用网络化的教学模式进行现代教育技术的课程设计

随着我国信息化科技水平的提高，互联网已经进入千家万户。网络的应用给人类带来进步的同时，也给人们的生产和生活带来了很大的困扰，尤其是一些不健康的网站对青少年学生的侵害非常大，致使一些家长和教师对网络都敬而远之，害怕孩子们会中了网络的毒，导致网络教学及应用模式很难开展起来。

1. 让学生置于网络环境中学习

处于青春期的学生都具有逆反的心理，与其对他们进行强制性的禁网，造成他们想方设法地用不正当的手段去玩网络游戏，倒不如直接把他们置于网络环境中，给他们一定的学习任务，让他们进行自主学习。当然，作为教师对于网络教学的设计一定要科学而合理，对于课程的安排更要劳逸结合，让学生们在网络或多媒体教学的环境下学到更多的知识。同时，也不能用过多的网络作业来浇灭他们学习的热情和对网络的热爱，这就需要对网络环境进行合理的布置，把教学模式分成不同的要素，既要把网络当作教学活动的载体，也要让网络成为提高学生学习积极性和主动性的工具。

2. 加强教师对教学过程的控制与监督

要想让学生在网络环境中不迷路，首先，教师必须对这种新型教学模式的设计做到尽善尽美，做好对网络教学与学生之间的利害关系等的前期分析工作，搜集与网络资源及教学相关的资料信息，对教学的设计做好充分的准备。这样才能为教学的实施创造更为有利的条件，使教学设计的各个环节都能落到实处，也才能真正做到了解学生，根据每个学生的不同特质进行不同类型的课程设计及开发，让网络教学成为学生们的好伙伴。其次要做好课后的评价，教学过程的优劣只要经过评价就会变得一目了然。通过科学、合理、客观的评价不仅可以对教师的教学结果做出评定，还可以看出每个学生的薄弱环节，进而完善教学过程，革新教学设计，进行有侧重点的教学，完成教学任务。

（二）用网络化的教学模式进行现代教育技术的实践

实践出真知，教师所采用的新型教学模式是否真正有效，只有通过实践才能得以证明。

在传统上，我国教书育人的教学模式都是以课堂教学为主，教师站在讲台上唱着一个人的独角戏，学生只是撑开口袋往里面塞知识，塞得越多越容易造成"消化"不良，使整个教学体系陷入呆板、单调而又无所成就的境地。但自从教育体制改革以后，对各种教材、课本也进行了一定形式的改编，对以前枯燥的知识融入了一定量的图片、讲解，其目的是激发学生们的学习积极性。因此，作为教师，一定要在新形势下适应新课改的需要，把沉闷的课堂变得生动、活泼，用新型的现代教育技术激发学生的学习热情，用多媒体网络的新奇性激发他们的求知欲，使课堂教学取得更好的效果。

网络教学情景化。处于学习阶段的学生虽然动手、动脑能力不强，但他们却乐于参与、愿意动手。教师要想改变课堂上的"死气沉沉"，就一定要改变学生的思维意识，为他们创设各种学习场景，让他们在其中做导演、做演员，在完成教材所要求的知识学习的同时，也锻炼了他们的沟通能力，培养了他们的发散性思维能力。比如说，教师可以根据语文教材内容进行合理的情景安排，可以做演讲、分角色地阅读或表演。只有把阅读教学放在一个网络化的大环境中，学生的能力才能得以更好地培养和提高，为学生的语言素质水平的提高奠定基础，让学生从中汲取到更多、更有价值的文学营养，把他们培养成为有文化、有素养的新时代接班人，同时，也让课堂教学呈现出一片新景象。

网络教学生活化。多媒体教学的方式虽然可以激发学生的学习兴趣，但毕竟是虚拟化的，而情景教学也是教师在一定的环境中设计出来的。只有生活化的教学方式才更贴近学生，更深入学生。所以，可以把学生对于网络教学的学习过程放在活生生的生活实例中去进行，实现网络与实际教学的合作性、开放性，使新型的教学模式能给予学生更多的乐趣和兴趣，提高他们的学习积极性和主动性，让他们快乐地学习、生活，健康地成长。

总之，21 世纪是计算机网络信息化的世纪，是千变万化的世纪，是教育体制改革与创新的世纪。面对学校课堂教学传统教育手段的枯燥与单调，教改体制给教师们提出了更高层次的要求，要求他们改变教学模式，改善课堂环境，运用新型教学的方法与方式来调动学生学习的积极性，提高他们的创造性思维，实现他们学习中的主体地位，使现代教育技术课堂变得更加趣味化、生动化、高效化和现代化。

第三节　现代教育技术的计算机教学模式

在促进教育技术实践及应用的过程中，多媒体信息技术备受关注。多媒体信息技术符合时代发展的要求，能够更好地呈现教育模式的时代性、先进性及新颖性，促进教学质量不断提升，真正推动教学资源的合理利用，教师也能够通过现代教育技术的有效应用真正为学生创造良好的学习和成长机会。在推动新课程改革的过程中，现代教育技术与计算机专业教学之间的联系越来越紧密，许多教师开始结合人才培养的实质需求，以现代教育技术的应用为依据，不断地培养和提升学生的计算机能力，更好地推动计算机技术的进一步发展。

一、基于现代教育技术的计算机专业教学模式的优势

（一）实现师生之间的有效互动

我国素质教育和新课程改革明确强调，教师在教育教学实践的过程中必须要站在学生的角度了解学生的主体需求，积极地为学生提供力所能及的帮助，鼓励学生进行进一步的研究和探索，不断促进理论教学和实践研究的紧密结合。在落实素质教育的过程中，师生之间的有效互动尤为关键，只有真正建立良好

的师生互动关系，才能够在第一时间吸引学生的注意力，保证让学生与教师都能够实现自我发展和相互帮助，更好地促进教学质量和教学效率的稳步提升。在实践教学过程中，许多教师以现代教育技术的应用标准为依据。计算机教学所涉及的内容和形式相对比较复杂，如果教师能够以现代教育技术的应用为切入点，积极地将不同的教学策略与现有的教学内容的展现相结合，体现教学内容的生动性和形象性，帮助学生对教学内容有深入的理解，则能够真正为学生的个性化成长与发展提供更多的机遇。教师需要结合计算机控制以及现代教育技术应用的相关要求，引导学生掌握不同的计算机操作方式，提高学生的计算机操作和应用能力，保证学生能够掌握计算机应用的相关技巧。

（二）传统教学模式的改变

传统的计算机专业教学活动只关注教师的被动知识灌输，学生无法在教师的引导之下主动思考，这种机械性的填鸭式教学模式不仅严重影响了教学资源的优化利用和配置，还难以真正发挥不同教学活动的作用和价值。教师直接采取板书的形式对不同的内容进行呈现，其中语言讲解和知识传授在整个教学实践的过程中占据主导地位，学生只能通过学习笔记的形式对不同的知识进行学习，个人的主观能动性以及积极性严重不足。另外，结合相关的实践调查不难发现，以教师为主的教学模式不仅不符合我国素质教育的学制要求，还导致学生难以掌握教学秩序中的核心和重点。在落实素质教育过程中，现代教育技术与教学活动紧密联系和互动，教师可以调动学生的主观能动性为目的，不断培养和提升学生的计算机操作能力，充分体现现代教育技术在计算机教学模式中的优势，更好地摆脱传统应试教育的桎梏。真正在尊重学生、理解学生的前提下为学生提供更多自主参与的机会，充分发挥教师的引导和组织作用，保障信息资源能够突破时间和空间的限制，促进学生的个性化成长以及全面发展。

二、基于现代教育技术的计算机教学模式

（一）基于互联网技术的开放式教学模式

首先，互联网技术在现代教育技术中的应用非常广泛，该技术的应用不仅能够促进教学质量的稳定提升，还能够真正发挥计算机技术的使用价值。与其他的信息传播模式相比，网络的共享性、开放性以及有效性更为明显。学生们能够积极地利用不同的网络平台获取不同的知识，在整个学习实践的过程中个人的事业能够得到有效的拓宽。其次，网络能够有效地突破时间和空间的限制，尽量避免传统课堂的桎梏和不足，结合课堂人数、课堂地点以及教学实践的具体情况对不同的活动进行合理的安排，保证学生能够结合个人的实际情况了解不同的知识，真正参与到学习的过程之中，更好地满足个人发展的需求。教师则可以站在宏观的角度，在恰当的时间段为学生提供更多的引导和帮助，鼓励学生自主选择适合自己的学习方式和学习资料，促进个人学习能力和水平的综合提升。

（二）基于多媒体技术的演播室教学模式

现代教育技术所涉及的内容和形式相对比较复杂。不同模式所发挥的作用区别较大，多媒体技术在实际应用过程中备受教师好评。与其他技术相比，多媒体技术的应用范围较广，同时门槛较低，因此，能够更好地吸引学生的注意力。在具体实践教学过程中，教师可以在教学大纲的指导下提炼出其中的重点和难点，对不同的教学内容进行形象生动的展示，关注学生学习积极性的提升，更好地将不同的教学环节相结合。在对不同的多媒体技术进行应用的过程中，教师可以采取在演播室开展教学活动的形式来对现有的教学内容进行合理的设置和安排，不断地活跃课堂气氛，给予学生更多的帮助，激发学生的学习兴趣，让学生能够在自主学习和小组内部合作的过程中真正掌握计算机学习的重点。

（三）基于虚拟实验室的模拟式教学模式

模拟教学模式在新的时代背景之下取得了良好的效果。这种教学模式能够

弥补学生在想象力和逻辑判断力上的不足，真正实现理论教学与实践教学之间的紧密结合，促进教学质量的稳定提升。为了实现以现代教育技术为基础的计算机教学模式，教师可以采取设置虚拟实验室的形式，将模拟教学活动与现实教学主题活动相结合，鼓励学生积极地在模拟实验室中进行主动的判断，了解实验的全过程，真正掌握计算机学习之中的操作要求，促进个人实践动手能力水平的稳定提升。教师还可以借助这种模拟式的教学模式有效设置不同情境，实现抽象内容的具象化，更好地加强学生的理解和记忆，保证学生能够真正掌握计算机学习中的重点和难点。

以现代教育技术为基础的计算机教学模式在新的背景下发生了较大的变化。教师在计算机教学实践中，必须根据现代教育技术应用的相关要求，分析这种技术对学生的影响和作用，积极地采取符合学生发展特点的现代教育技术，更好地推动计算机教学活动的有效开展。只有这样，才能够更好地实现学生的个性化成长，突破传统应试教育的桎梏和不足。

第四节　现代远程教育校园文化建设模式

现代远程教育的顺利发展与现代信息技术的发展密不可分，技术手段和技术创新无可厚非。但一些学校对自己的角色认识不够深刻，仅仅是充当组织者和资源发布者，没有对远程教育建设有足够重视，使校园文化严重缺失。

一、学校在校园文化研究和建设中负有责任

本节所说的校园文化是指在一般的教育活动中教育者与受教育者的互动关系，是在特定历史阶段被主流社会价值观认可的文化现象。这种文化现象客观上对社会文化起主导作用。校园文化是社会文化的一种，同时也来源于社会文化。

在校园里，校园文化引领社会文化发展，推动社会文化进步。同时，校园

文化建设需要在扬弃中完善自己。需要指出的是，现代远程教育中的校园文化是依附于现代远程开放教育平台而衍生出来的，伴随着它，教育活动以相对稳定、规范的形式发展壮大。文化现象不仅具有传统校园文化的共性属性，也有自己独特的属性。现代远程开放教育"校园"的定义是一个异化的概念。它是虚拟空间，与现代信息传播媒介共存。虚拟世界可以跨越时空和距离的界限，它的扩张、辐射、渗透和影响对我们来说是非常重要的，它正在深刻地改变着人们的生活方式。

所以要特别重视现代远程开放教育的校园文化建设。在党的领导下，校园文化建设应着力服务于促进社会的发展进步和社会实践。现代远程开放教育的校园文化建设改革发展到了关键阶段。回顾历史，只有解放思想，打破因循守旧的旧观念，紧跟改革开放的步伐，与时俱进，才不会被时代抛弃。要努力探索创新，全面推进国家政治、经济、社会、文化建设，在规划的总体框架内，统筹实施业务规划、改革创新。只有这样，才能焕发出现代远程教育新的生机和活力。

二、现代远程教育与校园文化建设的不足

（一）现代远程教育的校园文化处于一种两难的处境之中

1. 远程教育的时空分离特征无法让师生切实感受到校园文化

现代远程教育时空分离的特征使得远程教育的师生们无法切实感受校园文化，接受校园精神的熏陶，并且由于师生不能面对面地进行交流，虽然传授了知识，但是不能对学生的思想品德产生潜移默化的影响。

2. 远程教育合办难以体现母校教学特色和文化内涵

远程文化教育主要是通过与校外的学习机构进行双向教学活动，但大多数都是利益活动，没有形成真正意义上的精神共同体，不会主动带领学生参加校园举办的各种教育活动。

（二）现代远程教育存在轻重现象

1. 重视远程技术创新，忽略校园文化建设

需要成立一支专门负责校园文化建设、有创新能力和组织能力、可以灵活运用现代信息技术的教师队伍，形成开放共享的工作机制，整合各种资源，成立虚拟建设团队，将学习中优秀的人才引入团队，建立有效的激励机制，及时奖励表现突出和贡献大的个体。

2. 重视学生人数扩张，忽视教学质量提升

作为终身教育的重要手段，远程教育应该重视学生素质的全面提高。但随着产业化的进行，学校逐渐将追求利益作为最终目标，在招生时将学习优秀作为唯一指标，很大程度上忽略了教育质量的提升，进而也就忽略了校园文化建设。

三、远程教育校园文化建设缺失的原因

（一）文化设施落后，资金投入不足

学校在建设和规划中，优先考虑基础设施，忽略了校园文化设施，图书馆、礼堂等建设相比之下比较落后。无法满足学生的日常需求和愿望，限制了学生的全面发展。

（二）管理制度尚不成熟，制度文化还未形成

部分学校的内部管理制度和奖惩机制尚不健全，制度文化还未形成。许多制度的制定者只考虑实施的方便，而忽略了师生的实际需求。

（三）网络资源利用不足

远程教育对学生的自主学习能力、信息处理和获取能力都有很高的要求。学习者在资源极其丰富的情况下，对信息的处理就会十分迟钝。相比传统课堂的教学模式，远程教育对学习者的学习能力要求更高，对于学习意识低的人，不能充分体现远程教育的价值。

四、如何加强现代远程教育的校园文化建设

（一）加强远程校园文化建设，必须打破各地区条块分割的制约

我国的远程教育机构设置，完全按照各地区行政区域划分，与各级管理部门体系相适应，虽然失去了原来的作用，但是原有的官衙气息仍然存在。管理层次烦琐，从中央到地方有五六种隶属层次。例如，各直辖市的区一级，因其行政等级较高，设置了局一级的教育机构。按照行政机构进行教育划分，浪费了大量资源，应该根据各地区的经济发展状况，进行大力整合，对人力物力财力进行集中，追求整体效益。

（二）加强远程校园文化建设，必须打破传统教育的束缚

现阶段我国的远程教育模式没有明确的定位。我们需要对它的存在价值有进一步认识。不必根据文理进行专业划分，可以按照专业的知识系统、技能的熟练程度及特殊地区特殊人群的特殊需要灵活地设定课程，合理编写教材，按照实际社会需要进行远程教育。

（三）加强远程校园文化建设，必须打破产业经营管理的因循守旧

教育作为提高国民素质的重要战略，不是权宜之计，而是一项重大的事业。建设好远程教育，必须更新老旧的经营观念，努力与科学发展观接轨，与改革开放相适应，与社会主义现代化建设进程相一致。远程教育的主管部门，应该实施一套新的评估标准。这个标准不能以经济收入和人数规模为参考，需要以社会需要为导向，对招生人数、授课种类和内容进行科学评估。摒弃"向钱看"的观念，努力做不以营利为目的的社会福利组织。只有彻底解决资金的问题，才能丢掉之前的种种陋习，才能走出官本位的思想，才能革除恶性竞争和虚假繁荣的缺点。

五、现代远程教育下的校园文化建设

根据现代远程教育的特点，现代远程教育校园文化建设主要表现在以下五个方面：

（一）建立虚拟校园文化建设队伍，完善远程教育机制

人们在社会的发展中越来越多地认识到远程校园教育与传统校园教育文化有着共同的特征。远程校园教育对教育也有着独特的作用。人们对远程教育及其建设作了一系列研究。

（二）做好虚实结合，虚拟现实两手抓

随着信息化时代的来临，一个学校想要建设好，既要注重现实世界的发展，也要注重虚拟世界的建设。学校的网站建设直接关系到该学校的思想建设和文化风气，远程教育就是以网络平台为重要依托。因此，要加强网站建设，使网站拥有特色和吸引力。在实体方面，支持学院开展各种文化活动，由学院牵头，相关学习部门大力协助，积极开发远程教育精品项目，切实增强远程教育文化的建设成果。

（三）打造优秀网络媒体，注重人文素质培养

校园积极的学术活动和科技创新将激发师生的智力、能力、创造力和学术发展。良好学术环境的形成将对校园生活主体的思维方式、行为方式和生活方式产生积极影响，并形成紧张有序的工作氛围。因此，现代远程教育校园文化建设的重点是在教学过程中随时拍摄丰富多彩的师生互动、社区活动和日常生活等校园生活，然后通过精心编辑以多媒体的形式在互联网上发布，从而使学生在微妙的影响过程中形成价值取向、行为规范的共同趋势和对生活诚信的共同追求。这不仅可以提高学生的品位和素质，还可以重建健康的人格，培养独立和自由的意识。

（四）建立动静融合的校园文化形态

给予静态的校园网站以活力，远程教育的基本形态就是网络自主学习。因此，做好网站文化建设的同时远程教育必不可少，所以应该将网站做得更加充实，让虚拟的网站内容建设变得充实，让学生领略到特有的人文精神和学习氛围，增强自我认同感。

互动的网上活动会给学生一种身临其境的感觉，充分调动学生的积极性，并且可以通过建立网上诗歌群、摄影爱好群等组织来加强学生之间的相互交流，还可以在网上开设报告会，使学生在网上丰富自我，感受到浓厚的学习氛围。

远程教育中寓教于乐是非常重要的一个部分。学校可以借鉴部分网络游戏的模式，让学生在游戏中获得知识，使学习融入游戏中。建立集体聊天室，学生可以通过语音等网络途径进行交流，促进学生之间的交流，相互学习，共同进步，增进友谊，让学生在远程学习中不那么孤独，锻炼学生的沟通能力，提高学习兴趣。

（五）构建激励性教学平台实现自主学习监控

提高远程教育的质量十分重要。因此，我们应该建立学习激励的教学平台，对学生进行全过程监控。我们可以避免学校的一些规章制度导致学生产生逆反心理。通过激励平台，将被动学习变为主动学习。同时，我们应该采取宣传策略，及时在教学平台上体现各项规章制度。这不仅增加了教学管理和学校管理的透明度，使学生有必要的知情权，而且使学生随处可见，起到了加强宣传的作用。

校园文化的建设和形成十分艰难，它需要一个长期的积累过程，更重要的是，我们需要有意识、有目的地促进和建设校园文化。我们需要有一种坚持不懈的意识。文化建设是一门新学科，需要我们以极大的热情、严谨的态度和有前瞻性的眼光，在理论和实践上积极探索，使现代远程教育中的校园文化建设达到一个新的水平。

第五节　现代教育手段之翻转课堂教学模式

随着教育改革的不断深入，西方大量教育方法手段引入国内，翻转课堂教育模式就是其中的一种。翻转课堂教育模式以灵活的组织方式，避免传统课堂教学中存在的一些问题，给现代教育提供了成功经验，也引发了笔者的一些思考。

一、翻转课堂的起源

作为一种西方现代教育模式，翻转课堂（Flipped Classroom）起源于2007年，美国科罗拉多州林地公园教师乔纳森·伯尔曼和亚伦·萨姆斯采用录屏软件形式录制PPT演示文稿，上传到网络，供不能到校上课的学生学习。出乎意料的是，除了没来上课的学生，连正常上课的学生也能通过这些在线资源对课程进行预习和复习，并取得了良好的学习效果。因此，两位教师就开始尝试改变传统的授课形式，让学生课前观看教师录制的视频，而课堂上主要是完成作业和讨论。随后几年里，翻转课堂的成功经验被美国的学校推广，并形成一套较为系统的理论。

二、翻转课堂的思考与探索

（一）翻转课堂的意义及价值

翻转课堂从形式上看，是对传统教学过程的颠覆。学习过程是由知识传授和知识内化两阶段组成的。知识传授是指教师通过多种教学法将知识传递给学习者的过程。知识内化是将传递的知识通过学习者的认知活动重新组合而转化成内部能力的过程。传统的教学过程是在课堂上完成知识传授，课后完成知识内化。而翻转课堂是将这两个阶段进行了顺序调整。课前学习者通过观看教师提前准备的视频完成知识传授，而知识内化则是选择在课堂上通过讨论和习题作业来完成。表面上翻转课堂翻转的是"时间"，本质上所翻转的是原有的组织模式，将教师与学生重新组织，以更符合学生发展特点以及发展需求，对课堂和课外的教学形式进行了一次重要改革。

（二）正确实施翻转课堂

学生也不是纯粹孤立地观看视频，而是要参与实质性的社交讨论和课堂互动，发现问题，分析问题，解决问题。学生成为问题解决者的主体，教师成为其协助者。翻转课堂可以让所有学生参与到学习中，促进师生之间的互动和个性化沟通。

一门成功的翻转课堂，其操作要点必须达到以下条件：

1. 视频的制作与设计

翻转课堂对教师制作视频的水平提出了更高的要求。视频不是课堂教学的录制，而是具备短小精悍、信息清晰等要素。根据人的接受能力分析，通常人的专注度在 10 分钟以内最高，因此，视频的播放时间也控制在 15 分钟左右，力争在较短的时间内把知识点梳理清楚。视频内容可以在计算机设备及网络中长期保存，随时进行修正和提供查阅。

2. 学习问题的设计

为了达到更好的教学效果，教师应该在学生观看视频之前首先设计好相关的问题，让学生带着问题去学习，边看视频边思考。视频不是课堂，因此，在时间允许的情况下，学生可以重播或着重在某个点重复观看。对于不懂的地方，也可以通过互联网优质资源查询资料。

3. 学后问题的提出

通常情况下，学生不可能通过观看视频就能解决学习中所有的问题。课外看视频，只是允许学生在独立的空间自我学习，学习时间是自我控制的，但是学习中产生的难点或困惑，单靠学生个体不是能一次性全部解决掉的，即使有网络资源的帮助也难以做到。这就需要学生把自己的问题带到课堂中来，由教师组织，师生进行面对面的交流和同学间的彼此讨论。共性的问题可以集中商讨，寻求解决办法，个体问题可以单独交流。

4.课堂的组织

教师应该改变在课堂中的角色，由原来的讲授者转变成"教练"或者"训练者"，训练学习者对问题的发现、分析、解决的能力。观看视频是一个知识接受的过程，讨论是将知识转变成能力的过程。视频是基础，讨论才是目标，有目的的讨论对学生知识的学习和能力的培养都具有积极意义。

（三）教学质量控制

学生的学习过程由两个阶段组成：信息传递和吸收内化。信息传递主要是通过观看视频、师生互动来实现；吸收内化需要教师了解每个学生的掌握情况，根据不同的学生特点以及出现的学习困难，在课堂上给予有效的辅导。因此，教学质量的控制可以从信息传递和吸收内化两方面入手，如可以通过质量监控表格的形式了解学生观看视频、吸收知识的情况，也可以通过课堂问答的形式掌握学生对学过的内容是否有举一反三的能力。

作为一种新兴教育模式，翻转课堂使教学更科学、学习更主动，与其他教学方法相重叠，充分发挥现代信息技术的优势。与传统教育相比较，它增强了课堂的互动性，体现了学生个性化教育。在现代职业教育中融入翻转课堂，如能结合职业教育的特点，科学地运用翻转课堂技术，真正体现出其优势，对促进职业教育乃至普通教育的改革与发展都会产生深远的影响。

第六节　现代职业教育视域下学生管理模式

学校的教学培养目标就是以市场需求为基础，向各个企业输送创新型、专业型的人才，而在新时期的教育发展过程中，教学工作也不再只注重基础知识和应用技能，而是更加关注学生的个人素质及思维意识等方面的内容，这就涉及对学生管理模式的优化创新。

一、现代职业教育的基本内容及学生管理的重要性

（一）现代职业教育的基本内容

学校的教育工作要想取得长足的发展进步，就必须符合国家对高新技术人才的要求，这就涉及对教育内容和形式的优化升级，以及对学生管理工作的落实。现阶段，我国职业教育工作的主要内容就是结合国家教育改革发展方向，营造平等、和谐的教学氛围，并注重教学工作的创新性、互动性。现代职业教育视域下，我国的学校教学工作开始朝着创新、创业的教育方向发展。现代职业教育倡导终身学习的理念，为学生提供学习、就业、再学习的通道，其教学具有中介性、个体性、历史性和实用性等特点。此外，现代职业教育侧重培养学生的实践能力，培养具备专业技能且具有一定综合素质的应用型人才。

（二）学生管理工作的重要性

由于现代职业教育视域下学校对学生的招收门槛的变化，各个年龄阶层和不同职业的社会工作人员都可以通过入学考试进入学校学习知识技能。同时，不同的学校类型还招收一些中学和高中毕业之后想要学习职业技能的学生。这就使得传统的学生管理工作无法适应新时期学校对人才的教学培养要求。因此，相关学校必须意识到新时期对学生管理模式进行优化创新的重要性，并积极结合目前实际存在的主要管理问题，研究具体的创新路径。

二、现代职业教育视域下学生管理模式的发展现状

（一）管理意识和能力

在现代职业教育视域下，学生管理模式方面存在的最主要问题是我国许多教职管理人员自身由于受传统管理观念的影响，在管理方式上存在一定的不足之处。这也与教职管理人员的专业工作能力有着很大的关系，目前，我国的一些学校还存在对管理人员的设置方面重视程度不够的问题。管理岗位大多都是

由无法继续进行教学工作的高年龄教职工作者担任，而且学校没有定期对员工进行管理知识技能的培训。随着社会的发展过程，我国的相关教学管理内容、要求及实际的管理形式都发生了一定的变化，管理人员如果还应用传统的管理方式和内容就无法发挥出管理工作的真正价值，这是目前学校在优化学生管理模式时需要解决的首要问题。

（二）管理制度和渠道

现阶段，我国的许多学校在实际学生管理模式建设的过程中，出现了一些管理条例的制定内容没有与学生实际情况结合起来的问题，这就导致学校的学生管理工作无法有效落到实处，也就无法对学生起到规范学习行为和态度的作用。而且，学校管理人员所制定的条例也没有体现出我国目前教育改革的主要内容，尤其是在管理渠道方面。在信息时代的发展背景下，学校管理工作应当与信息技术充分结合。

实际上，部分学校在这方面投入资金较少。管理人员主要通过在寝室、课堂等校园活动场所进行抽查或定期检查的方式来管理学生，而没有引进相应的计算机软硬件设备，致使校园网络平台的管理工作不到位，这导致学校无法及时发现学生在学习和校园生活中存在的问题。此外，长期以来学校的管理人员与学生之间存在明显的等级关系，管理者和被管理者处于对立状态，这样强硬的管理模式忽略了学生个体的发展，容易引起学生反感，同时违背了学校办学的初衷。

（三）学生个人方面

在现代职业教育视域下，学校对学生的管理工作效率和质量无法得到提升，这与学生个人思想意识方面有着很大的关系。针对一些年龄段比较低的学生，他们可能还没有形成正确的思想价值观念，存在叛逆心理，无法理解校园管理制度，因而不服从管理规定。而对一些想要接受职业教育培训的社会工作人员来说，其自身已经形成了一套学习方式和习惯。因此，传统的管理模式无法适应不同学生的学习特点和需求，这就要求教职管理人员在进行学生管理模式的路径创新工作中将重点放在对学生思想及素质的管理教育上，这样才能保证教学工作的科学性和合理性，促进学校教育工作的可持续健康发展。

三、优化目前学校学生管理模式的具体途径

（一）对管理团队进行培训

学校要想在现代职业教育视域下优化内部学生的管理模式，就需要从提升教职管理人员管理能力、优化管理观念两方面进行。这涉及对管理人员定期进行培训教育的工作。新时期我国教学改革工作的基本目标是为学生提供平等、和谐、互动式的校园学习氛围。学校在培养学生时，除了要满足现代化的企业服务需求，培养符合企业发展的技能型人才之外，还要重视对学生专业知识的灌输。为培养综合型的人才，学校管理者需转变传统教育理念，在指导学校可持续发展的同时，提高市场竞争力。这就要求管理人员在做管理工作时与学生的实际发展需求结合起来，保证管理内容的科学性和合理性。针对目前我国大部分学校的内部管理团队中出现的年龄层偏高、创新能力不足的问题，为确保学生管理工作的顺利进行，学校还需要定期对管理人员的工作能力进行考核，并积极引进社会管理专业的人才，为学校管理团队输送新鲜血液。

（二）拓宽管理渠道

基于我国信息技术的发展进步，学校的管理人员必须具备操作计算机进行管理的能力。学校也需要加大资金技术投入，引进相应的工作设备，从而通过网络信息渠道拓宽学生管理模式的路径。具体的工作就是通过完善校园管理平台建设，将学生的学习信息记录在网络上，并定期根据学生的实际学习状态进行更新。除了学生的各科学习成绩，还应当涉及寝室串生的整理情况、课外活动的参与情况以及学生的课堂学习表现等各方面。而针对现代职业教育视域下实际的网络管理平台建设，管理人员还应当设置学生互评及师生互评机制，更全面地体现出学生在校园学习及生活中的状态，确保管理模式的科学性和合理性，并从中体现生生平等、师生平等的新型教学理念，对授课教师和各个年龄

阶层的学生一视同仁，提高学生对学校的满意度。

此外，拓宽管理渠道的方式不是仅局限于新型的信息技术手段，还可以在学生之中选拔出一部分具有管理意识和能力的学员组成管理小分队，与教职人员一起参与学生管理工作。让优秀学员起模范带头作用，潜移默化地影响其他学生规范自身的学习行为，养成良好的学习习惯。在优秀学员的选择上，除了可以选择每年的三好学生，也可以直接由学生当中的党员和入党积极分子来承担相应的管理职责。

（三）健全管理制度

由于传统的学生管理模式存在许多不足之处，学校必须结合国家新出台的教学管理规定以及学生之间的个人学习能力的不同，建立健全监督管理机制。首先，要树立以人为本的理念，将教师、学生作为教育根本，禁止强行使用制度管人，而应使用教育管理制度促进学生、教师发展，充分发挥学生和教师的主观能动性。其次，还应在日常管理机制上积极进行创新。设立二级管理模式，让对学生的管理重心真正下移，然后各级教学单位才能根据各个专业的特点，设置不同的教育方案，让学生能够真正得到学校关注。最后，管理制度还可以与奖励机制结合起来，由教师对学生进行综合评价，对各方面表现都比较优异的学生可以颁发奖状，或设置相应的评价机制，将其转化为学分，计入期末成绩，并用来进行奖学金评选。利用这种方式保证新时期管理工作的顺利进行，真正促进学生全面健康发展。

在现代职业教育视域下，传统的学生管理模式已经无法为学生的学习进步提供基础保障，单独从学习行为方面对学生进行约束会使学生产生反感。为了提高管理效率和质量，学校必须从合理优化管理路径方面入手，创新管理人员的工作观念和能力，利用信息技术拓宽管理渠道。选拔优秀的学生参与管理工作，同时还要健全管理机制，充分结合学生的学习特点优化管理条例，为提高学生的学习积极性，设置奖励竞争机制，从而营造良好的校园学习氛围。

第七节 现代教育"互联网+"平台发展新模式

互联网信息技术的出现，使得我国的现代职业教育实现了质的飞跃，利用互联网思维使现代职业教育体系创新发展具备了条件。信息技术革命被誉为现代社会的第三次革命，互联网的出现极大地改变了人们的思考模式和工作方法，互联网信息技术在诸多领域的利用不断深化，同样影响了现代职业教育，并且突破了发展"瓶颈"，开辟了新的发展模式。

一、现代职业教育"互联网+"平台发展新模式的背景

（一）国家高度重视互联网发展

国家在诸多会议中都强调要加强网络与各领域的融合、发展，其中主要包括：2018年国务院发布的《国务院关于积极推进"互联网+"行动的指导意见》，其中指出："探索新型教育服务供给方式。鼓励互联网企业与社会教育机构根据市场需求开发数字教育资源，提供网络化教育服务。鼓励学校利用数字教育资源及教育服务平台，逐步探索网络化教育新模式，扩大优质教育资源覆盖面，促进教育公平。鼓励学校通过与互联网企业合作等方式，对接线上线下教育资源，探索基础教育、职业教育等教育公共服务提供新方式。推动开展学历教育在线课程资源共享，推广大规模在线开放课程等网络学习模式，探索建立网络学习学分认定与学分转换等制度，加快推动高等教育服务模式变革。"

（二）现代职业教育"互联网+"平台支撑经济发展

当前国际竞争日益激烈，我国要想在世界竞争中立于不败之地就要重视教育事业的发展，同时，还要积极打造创新型国家。在网络技术不断发展的今天，产品营销创新和商业模式创新在创新大战中成为主导力量，在今后的创新发展中也会成为全面产品服务升级的竞争。新时期下，培养创新型人力资源提升服务质量是关键，现代职业教育发展也因此迎来了新的发展机遇。它充分利用创

新成果，搭建起现代职业教育的"互联网+"平台。它结合"以人为本"和以就业为导向的教育模式，建构以效果为出发点，尊重知识与技术，打造人才技能的"互联网+"发展平台。互联网信息技术的应用给社会经济发展带来诸多的变化，互联网发展模式以及智能生态系统让我国的教育进入到全新的发展阶段。传统教育模式在信息技术飞速发展的今天显然不能跟上社会的发展速度，而现代职业教育"互联网+"平台发展模式在以下三方面体现出的优势可以为经济的发展和创新驱动提供有力支持：一是组织方式的改进，二是支持动力的提升，三是教育形态的转变。

二、如何构建现代职业教育"互联网+"平台发展新模式

现代职业教育"互联网+"平台主要包括六大板块，即用户平台、管理平台、职位平台、效果平台、流程平台、反馈平台。现代职业教育"互联网+"平台不是单纯地将现代职业教育与互联网简单相加，而是让现代职业教育打破发展"瓶颈"，实现信息化的网络技术手段。互联网思维的出现便于教育者更合理、更加便捷地创新、融合网络技术，使现代职业教育真正实现"互联网+"平台发展模式。"互联网+"是新的思维意识形态、社会发展形态、经济发展形态和科技发展形态，作为一种平台化发展的思维模式，可以创造教育生态平衡。

（一）构建现代职业教育"互联网+"用户平台

用户平台的构建充分运用互联网用户的流量思维进行社会化思维，使职业教育不再局限于职业学校教育的范围，把和职业教育相关的社会人员、行业企业以及专业技术、知识技能融入互联网平台。同时，网络平台也不再是毕业生寻找岗位的手段，而是现代职业教育体系使用者以及包括企业等在内的使用者，将最为前沿的教育资源展现在教育者面前，进而改变社会上对现代职业教育片面的看法，也让面临中高考的青少年可以根据自身的情况规划发展。用户的平台构建要实现实名制管理，以共享为目标、以诚信为原则，让用户分享到不同身份、不同教育经历、不同工作经验的用户信息，让每个人都可以了解我国产

业结构的发展。我国中西部地区也可以借助"互联网+"用户平台实现资源共享。现代职业教育"互联网+"用户平台对于企业的发展十分有利，为实现企业与学校更加深入的合作，企业可以根据市场对人才的需求向现代职业教育的发展提出建议，以此更好地解决学生的就业问题，这有利于新兴行业不断吸纳新鲜的血液，进而实现我国产业结构的调整，同时，以此作为"互联网+"用户平台的发展基础，调动其他行业参与职业教育的积极性。

（二）构建现代职业教育"互联网+"职位平台

现代职业教育"互联网+"职位平台建构主要借助互联网简约思维，以网状思维把工作职位按照产业领域、行业特点进行划分。通过"互联网+"职位平台，让求职者更加明确自身的定位，实现与企业的入职匹配，在满足求职者需求的同时也对企业发展有利。具体说来，企业在"互联网+"职位平台发布职位信息，要保证发布的信息真实性，并且申请发布职位后由教育行政部门严格审核。同时，教育行政部门需要对企业的职位需求进行融合，结合职业学校的专业定期更新内容，进行职位匹配。

（三）构建现代职业教育"互联网+"课程平台

现代职业教育"互联网+"课程平台主要的教学手段是电子教室和课程教学，该平台紧密联系用户平台以及职位平台。随着信息技术的不断发展，当前的职业教育也加速推进着教育改革，比如多媒体的网络化教学、慕课平台教学的增加，使得现代职业教育有了更多的教育选择和教育空间，有效解决了传统课程教学的滞后性问题，为学生带来最新、点击量最高的咨询和课件内容。学生能够在丰富的情境下学习，更好地实现理论和实践相结合。学校内容不仅深入浅出，还通俗易懂。同时，教学内容紧密围绕社会发展需求，满足了学生的个性化需求。

（四）构建现代职业教育"互联网+"效果平台

"互联网+"效果平台描绘了我国经济发展在新时期产业转型升级的新风貌，真实地反映了各行业对人才的需求情况，这也是现代职业教育未来的发展方向，展示出不同的互联网社会化思维的效果。在经济高速发展时期，更加需要在网络环境下形成科学的、完整的人才需求标准。随着产业结构转型升级的继续，人才缺口问题凸显，需要加大对技术型人才教育的改革力度。在"万众创新、大众创业"的浪潮下，企业的发展更加离不开人才的支持。在企业的创建初期和成长期是现代职业教育参与其中的宝贵时期，需要现代职业教育加强对技术型人才的培养。互联网时代下的企业发展速度飞快，现代职业教育职能要"反客为主"，主动服务于社会发展，并且积极参与产业结构调整，将培养的人才主动与企业不同发展阶段快速匹配，这是突破现代职业教育发展"瓶颈"的有效路径。

（五）构建现代职业教育"互联网＋"反馈平台

现代职业教育"互联网＋"反馈平台基于以下思维构建：平台思维、大数据思维、流量思维、极致思维。这样可以及时发现问题，并且有效提出解决问题的方案，可以为用户带来更加优质的体验，打造出包括用户平台、课程平台、职位平台、效果平台的信息。通过对数据的分析和预测，及时和真实地让现代职业教育更加具有实效性，实现职业学校与个人用户，企业用户与学校、个人用户与职业学校之间的交流。

综上所述，在时代的发展浪潮中，现代职业教育必将加强对网络技术的融合。"互联网＋"平台的打造是现代职业教育与互联网信息技术融合的有效手段，当前已经取得良好成效。相信在继续磨合中会进入更加崭新的发展阶段，实现现代职业教育对人才的更好培养，为社会输送更多的人才。

第五章　现代教育技术与人工智能

人工智能是一门研究运用计算机模拟和延伸人脑功能的综合性学科。与一般的信息处理技术相比，人工智能技术在求解策略和处理手段上都有其独特的风格。人工智能的出现，以及智能计算机辅助教育系统目前已在教育教学领域得到应用。

第一节　教育技术与人工智能的关系

一、人类的自然智能

人类的自然智能就是人类具有的智力和行为能力。基地生物（动物和植物）也有自己的自然智能。人类的自然智能包括感知能力、记忆能力、思维能力、行为能力和语言能力五个方面。其中，记忆和思维能力是人在大脑中实现的，是内省的。感知、行为和语言能力是人在和周围环境交往中产生的，是外露的。

感知能力指人通过视觉、听觉、触觉、味觉、嗅觉等感觉器官感知外部世界的能力，是人类获取外部信息的基本途径。动物在不同的方面有不同程度的感知能力，在某些方面动物的感知能力甚至比人还强，比如狗的嗅觉。研究人的感知能力的科学领域有（人体）生理学、生物学、心理学等，研究生物的感知能力的学科有生物学、动物学、植物学等。

行为能力是人们对感知到的外界环境信息的一种反应能力。外界环境可以是异质和同质环境。异质环境就是自然环境，同质环境就是人类社会。对自然环境的行为能力就是适应自然和改造自然的能力。人类对社会环境的行为能力就是适应和改造社会的能力，包括人际交往能力。形形色色的生物对自然环境和种内个体也有不同程度的适应和改造能力。研究人和自然环境关系的学科有环境学、生态学、人类学等，研究人和人的关系的学科有政治学、社会学、经济学、伦理学、心理学等，研究其他生物和自然环境的关系的学科有生物学、动物社会学等。

语言能力其实是一种特殊的行为能力，即人类社会环境中的一种行为能力。人类的语言能力包括语音方式和文字方式。某些动物也具有一定程度的语音方式下的语言交际能力。文字方式的语言能力是人类独有的一种行为能力。研究人类语言能力的学科包括语言学、物理学（声学）、文字学等。

记忆与思维能力是人脑不可分割的最重要的两个功能，也是人类具有智能的根本原因所在，也是迄今为止仍需进一步研究的功能。行为能力和语言能力处在思维能力的控制之下。有意识的感知能力也处于思维能力的控制之下。研究记忆和思维能力的学科有生理学、生物学（神经学）、心理学、脑科学等。最近出现的一个交叉科学——认知科学，就是以人类的记忆和思维能力为主要研究对象的一门学科。

记忆指由感觉器官感知到的外部信息和思维产生的结果在大脑中的存储和以后的调用。这些信息和思维结果我们称之为知识。知识有先验的和后验的。先验性的知识是不依赖于人的后天经验而存在的；后验性的知识是外部世界在人脑中的映象。

思维指大脑对记忆的信息进行处理，即利用已有的知识对信息进行分析、计算、比较、判断、推理、联想、决策等，以获取新知识以及运用知识求解问题，并指挥人体进行感知、行为和语言等活动。思维可分为逻辑思维、形象思维以及顿悟思维等。逻辑思维和形象思维是两种基本的思维方式。逻辑思维又称为抽象思维，它是一种根据逻辑规则对信息进行处理的理性思维方式，反映了人们以抽象的、间接的、概括的方式认识世界的过程。归纳与演绎能力是人类进行问题求解的两种主要的推理方式。归纳能力是人们可以通过大量实例，总结出具有一般性规律知识的能力，而演绎能力则是人类根据已有知识和所感知的事实，推理求解问题的能力。形象思维又称为直感思维，是一种以客观现象为思维对象、以指导创造物化形象的实践为主要目的、以意象为主要思维工具、以感性形象认识为思维材料的思维活动。顿悟思维是在潜意识激发下获得灵感而忽然开窍的思维。

学习可以说是一种特殊的思维能力。按照著名人工智能专家、心理学家和经济学家西蒙的定义，学习是一个系统的有特定目的的知识获取过程，其内在行为是获取知识、积累经验、发现规律，其外在表现是使系统性能改进、系统地实现自我完善、自适应于环境。学习是人类的本能，每个人都在随时随地地学习，既可能是自觉的、有意识的，也可能是不自觉的、无意识的；既可以是由教师指导的，也可以是自我实践的。人们的学习是通过与环境的相互作用而实现的，通过学习可以积累知识，增长才干，充实完善自己，适应环境变化。

二、人工智能

人工智能就是用人工的方法在机器（包括计算机）上实现的智能，或者说就是人们使用机器模拟人类和其他生物的智能，包括感知能力、记忆和思维能力、行为能力、语言能力。由于人工智能是在机器上实现的，因此又称为机器智能。所谓智能机器就是能够在各种环境中自主或交互地执行各种拟人活动的机器，这些活动包括人脑所从事的推理、证明、识别、理解、设计、学习、思考、规划以及问题求解等记忆和思维活动，感知器官从事的感知和识别活动，自然语言理解和产生能力，四肢和身体的活动能力，适应社会能力和人际交往能力，学习能力等。

人工智能是一门交叉性的科学，这一点与教育技术相似。首先，从事该学科的研究人员要了解包括计算机在内的机器的基本工作原理（硬件或软件），因此，人工智能学科一般被划分为计算机科学的一个分支。其次，人们要从研究自然智能的某个学科中汲取研究成果，并将其在机器上表现出来。人工智能研究的成功之路依赖于计算机科学与上面提及的学科门类的相互借鉴和融合，包括生物学、动物学、生理学、心理学、人类学、神经学、脑科学、物理学、化学、经济学、社会学、政治学、语言学，以及研究所有学科的学科（或者说作为所有学科的基础的学科）——哲学（如其分支认识论、本体论、科学哲学等），还包括所有学科的研究工具——数学等。

人工智能几千年来的发展和现代人工智能学科五十多年的发展历史已经充分证明了这一点。近现代人工智能学科的奠基人和重要人物无不涉足两个或两个以上的学科并颇有建树。但由于很多有关人类记忆和思维的科学研究（如认知科学）无法获得直接的证据（用大脑来研究大脑），所以，很多理论还处于假说阶段。如果在人工智能研究中利用这种假说取得了较好的实验效果，那么，这种人工智能的研究成果就可以说为这种假说提供了一种佐证。所以说人工智能研究也是其他相关学科的一个实验场所，比如著名的脑科学中的联结主义便得以在串行计算机上模拟，并取得了令人瞩目的实验结果。

三、教育技术与人工智能的关系

人类自然智能的提高标志着人类对客观世界（自然环境和社会环境）和主观世界（人本身）认识程度的提高。人工智能作为在计算机上实现的智能，也必然随着人类自然智能的发展而进步。反过来，人工智能的进步会不会一定带动人类自然智能的进步呢？这其实也和科学技术对社会发展的作用相似，有正的方面，也有负的方面。从正的方面说，人工智能技术的进步和应用会使人节省出更多的时间学习知识和接受教育，充实和发展智力；从负的方面说，"用进废退"，本来应该由人类完成的活动，现在交给机器人或者计算机来做了，人类是否会因此而变得懒惰乃至智力下降呢？

教育技术是计算机在教育上的应用技术。教育系统的功能就是促进受教育者的智能。所以，教育技术应该促进受教育者的自然智能。但是教育技术能否真正提高教育系统的工作效率，还要考虑使用计算机的资源投入，包括人力、物力、财力和时间。人工智能作为计算机科学的一个分支，可以广泛应用在教育系统中，也就是说它可以成为一种教育技术。本书着重讨论人工智能的研究成果成为一种教育技术的可能性或者实际效果，以及它对整个教育系统（包括教育者和受教育者）的影响。总之，教育是自然智能的源泉，人工智能是在计算机上模拟的教育，也是自然智能在计算机上的实现。

第二节 机器学习与自然语言

一、机器学习概述

随着计算机技术的发展，人们已经拥有存储和处理海量数据以及通过计算机网络从远程站点访问数据的能力。目前，大多数的数据存储设备是数字设备，记录的数据也很可靠。但是，只有分析这些数据，并将它们转换为可以利用的信息后，这些存储的数据才能变得有用。尽管人们不清楚数据产生过程的细节，但是人们知道数据产生不是完全随机的，其中存在确定的模式。

人们也许不能够完全识别数据产生的过程，但人们能够构造一个好的并且有用的近似。尽管这样的近似还不可能解释一切，但其仍然可以解释数据的某些部分；尽管识别全部过程也许是不可能的，但仍然能够发现某些模式或规律。这正是机器学习的定位。这些模式可以帮助人们理解数据产生的过程，人们可以使用这些模式进行预测：假定将来至少是不远的将来，情况与收集样本数据时没有很大的不同，则未来的预测也有望是正确的。

机器学习是一门多领域交叉学科，涉及概率论、统计学、逼近论、凸分析、计算复杂性理论等多门学科。机器学习理论主要是设计和分析一些让计算机可以自动"学习"的算法。机器学习算法是一类从数据中自动分析获得的规律，并利用规律对未知数据进行预测的算法。因为学习算法中涉及了大量的统计学理论，机器学习与推断统计学联系尤为密切，也被称为统计学习理论。很多推论问题属于无程序可循难度，所以部分机器学习研究是开发容易处理的近似算法。机器学习已广泛应用于数据挖掘、计算机视觉、自然语言处理、生物特征识别、搜索引擎、医学诊断、检测信用卡欺诈、证券市场分析、DNA序列测序、语音和手写识别、战略游戏和机器人等领域。

学习是一个有特定目的的知识获取过程，其内在行为是获取知识、积累经验、发现规律；外在表现是使系统改进性能、适应环境，从而实现系统的自我完善。不管是人还是机器的学习，大都具有这些特征。机器学习是研究如何用计算机来模拟人类学习活动和获取知识的一门学科。更严格地说，就是研究计算机获取新知识和新技能、识别现有知识、不断改善性能、实现自我完善的方法。机器学习与计算机科学、心理学、认知科学等各种学科有着密切的联系，涉及面比较广，许多理论和技术上的问题尚处于研究和讨论之中。机器学习是知识工程的三个分支（获取知识、表示知识、使用知识）之一。

机器学习的研究目标有三个：一是学习机理，使计算机能模拟人的学习行为，自动地通过学习获取知识和技能，不断改善性能，实现自我完善。这个方向与认知科学的发展密切相关。二是学习方法，研究适合机器特点的各种学习理论，探讨所有可能的学习方法，比较人类学习与机器学习的异同与联系。三是应用研究，建立各种实用的机器学习系统或知识获取辅助工具。

二、基本结构和学习方法

（一）基本结构

环境向系统的学习部分提供有关信息。学习部分获得外部信息后，经过分析、综合、类比、归纳等思维过程获得知识，并将这些知识存入知识库中，以增进系统执行部分完成任务的效能。执行部分根据知识库完成任务，同时把获得的信息反馈给学习部分。

影响学习系统的最重要因素是环境向系统的学习部分提供的信息。知识库里存放的是指导执行动作的一般原则，较为固定，但环境向学习系统提供的信息却是多种多样、未经处理的。如果信息的质量较高，与一般原则的差别较小，则学习部分比较容易处理；如果向学习系统提供的是杂乱无章的指导如何处理问题的具体信息，则学习系统需要在获得足够数据之后，进一步分析处理，并应用于解决其他问题，形成处理问题的一般原则，并放入知识库。这样，学习部分的任务就比较繁重，设计起来也较为困难。

学习系统获得的信息往往是不完全的，所以，学习系统所进行的推理并不完全可靠，总结出来的规则可能正确，也可能不正确，这要通过执行效果加以检验。正确的规则能使系统的效能提高，应予保留；不正确的规则应予修改或从数据库中删除。

知识库是影响学习系统设计的第二个因素。知识的表示有多种形式，比如，谓词逻辑、产生式规则、语义网络和框架等。选择知识表示形式的时候，需要注意以下方面：

①表达能力的强弱。所选择的表示方式能很容易地表达有关的知识。

②推理难度的大小。为了使学习系统的计算代价降低，知识表示方式应能使推理较为容易。

③修改的难易。学习系统的本质要求它不断地修改自己的知识库，当推广得出一般执行规则后，要添加到知识库中。

④是否便于扩充。学习系统不能在全然没有任何知识的情况下凭空获取知识，每一个学习系统要求具有某些知识、理解环境提供的信息，分析比较做出假设，检验并修改这些假设。因此，更确切地说，学习系统是对现有知识的扩展和改进。

（二）学习方法

1. 机械学习

机械学习是最简单的机器学习方法。机械学习就是记忆，即把新的知识存储起来，供需要时检索调用，而不需要计算和推理。机械学习又是最基本的学习过程。任何学习系统必须记住它们获取的知识。在机械学习系统中，知识的获取是以较为稳定和直接的方式进行的，不需要进行过多的加工。当机械学习系统的执行部分解决好问题之后，系统就会记住该问题及其解。例如，低龄的学前儿童被要求反复背诵古诗文，对知识进行强化记忆。背诵的内容直接存储在儿童的大脑中，不经过任何加工和处理。也就是说，他们记住了这些内容，但是可能不理解其含义。

2.传授式学习

由外部环境（比如专家）向系统提供一般性的指示或建议，系统把它们具体转换为系统内部的表现形式，把抽象的建议转换成具体的知识，然后将新知识送入知识库。在学习过程中还要对形成的知识反复进行评价，使其不断完善。这种学习方式被称为传授式学习。

3.类比学习

类比学习先给定一个基本的假设，即人们每遇到一个新的问题时，会联想起一些以前遇到过的问题，这些问题和新问题的抽象级别虽然不一定相同，但它们具有一定程度上的相似性。通过将新问题和以前遇到的问题进行类比，找出相互之间的相似性，把这种相似性转换为系统内部的表现形式，并存储入知识库，这就是类比学习。类比学习是在学前和中小学教育阶段经常使用的一种学习方法。例如：儿童和小学生初次学习汉语拼音或者英文字母，教师会用他们所熟悉的日常生活中的事物来类比某个字母，比如，c像月牙，h像椅子等。通过这样的类比，加深儿童对拼音或者字母的认识和记忆。

4.归纳学习

学习者从所提供的事实或观察到的假设进行归纳推理，获得某个概念，这样的学习方式被称为归纳学习。归纳学习可以划分为两类：如果有教师指导，则被称为示例学习；如果没有教师指导，则被称为观察与发现学习。

5.基于解释的学习

基于解释的学习指通过运用相关的领域知识，对当前提供的单个问题求解实例进行分析，构造出求解过程的因果解释结构，并通过对该解释结构进行一般化处理，获取相应知识，便于指导以后求解类似的问题。

三、自然语言理解和处理

自然语言理解和处理是计算机科学领域与人工智能领域中的一个重要方向，研究能实现人与计算机之间用自然语言进行有效通信的各种理论和方法，主要应用于机器翻译、舆情监测、自动摘要、观点提取、文本分类、问题回答、文本语义对比等。

自然语言能力是人类自然智能的一个重要表现方面。半个世纪以来关于图灵测试的讨论验证了这一点。自然语言在教学系统中至关重要。教师要回答学生的问题，激发学生的学习兴趣，乃至因材施教，实施个性教学，必须通过自然语言，要么是口语，要么是书面语。在计算机辅助教学系统中，计算机要能够回答学生的问题，而不仅仅是呈现教学材料，必须通过自然语言，当然最好是口语，也可通过书面语言。而在基于网络的远程教学系统中，学生和教师数量的比例很大，教师和学生直接面对面的机会很少，教师的释疑解惑作用受到很大限制，教学效果就会受到影响。一个成功的自动答疑系统将对计算机辅助教学系统和基于网络的远程教学系统起到很好的推动作用。

（一）自然语言理解

要让计算机具备理解和产生自然语言的能力，首先要了解人类的自然语言理解和产生机制。人类对自然语言的理解和产生机制是生理学家、语言学家、心理学家、哲学家、计算机科学家等长期以来研究的一个领域。这些不同的学科大都定义了一套涉及自身的问题，并有其自己的解决方法。语言学家研究语言本身的结构，考虑为什么特定词语的组合能形成句子而其他的词语组合则不能，为什么一个句子可能具有某种意义而不是另外一种意义等。心理学家研究人类生成和理解语言的过程，考虑人类如何识别一个句子的合理结构，如何确定词语的合理意义等。哲学家考虑的是词语如何能够表示事物和现实世界中的实体，也考虑拥有信仰、目标和意图意味着什么，以及这些认知能力和语言是如何联系的。计算机科学家的目标是利用计算机科学中的算法和数据结构，建立一种自然语言的计算理论。当然为了建立计算模型，必须利用其他学科的研究成果。

自然语言如此复杂，以至任何传统学科至今都没有提供足够的理论和工具来全面处理语言的理解和产生问题。为此，需要语言学家、心理学家、哲学家和计算机科学家的通力合作。这种跨学科的合作已经促成了一个新的交叉学科的产生，它通常被称为认知科学。

自然语言处理是人工智能的一个重要研究领域，也称计算语言学。它有两方面的用途：作为科学研究的目的，可以探索语言交流的本质；作为实用的目的，能够实现有效的人机交互。这个研究领域从 20 世纪 50 年代诞生以来，主要沿着三条技术路线发展：符号主义（认知主义）、连接主义（人工神经网络）和基于语料库的统计方法。

连接主义用现有的计算机技术（主要是程序和算法）来模拟人脑神经网络的结构和功能。主要特征是并行计算、容错性、学习能力；语义蕴含于网络结构中，而不是一串串的符号中。连接主义诞生于 20 世纪 40 年代，60—70 年代有些消沉，80 年代以来随着 Hopfielsd、BPN 等新的网络结构的提出和成功应用而兴起。它被应用于句子的语法和语义分析、语音和光学符号识别等领域。但是因为人工神经网络仍然依赖于传统的串行计算机的算法模拟，其应用范围比较有限。

统计分析技术是要分析语料库中的数据，以便从中获取信息。它借助于对语料库中词汇的概率分析，而不是依靠事先规定好的语法规则实现对语句的语法分析。概率统计方法也广泛应用在语音和光学（如手写体、印刷体）识别上，如隐含马可夫模型的应用。其诞生于 20 世纪 60 年代，80 年代以来随着计算机运算能力的大幅度提高而得到一定程度的应用。

符号分析方法诞生于 20 世纪 50 年代，是最早的也是迄今为止应用最广泛和最成功的一种自然语言处理方法。符号分析主义的核心思想是语义蕴含于符号之中。符号分析方法的里程碑是乔姆斯基的产生式语法体系。按照乔姆斯基的说法，产生式意味着这个语法应该能够结构性地描述和产生一种自然语言中的所有表达式。乔姆斯基语法体系不仅是现代语言学的一个重要基础，也是当代理论计算机科学和计算语言学的一块重要基石。

自从乔姆斯基语法体系诞生以来，出现了许多语法分析工具。比如：FDG（Functional Dependency Grammar），TNG（Transition Network Grammar），Chart-Based Parser，Horn-Clause-Based Parser 等，技术相对成熟完善。而逻辑编程语言，如 PROLOG 和 LISP 等则通过命题逻辑和谓词逻辑方法对自然语言进行分析处理。

在语法分析的前提下进行语义分析的理论基础一是弗雷格的句子分解和组合原理，二是维特根斯坦的语言分析哲学。前者指出："一个句子的意义由组成它的各个部分的意义和它们的连接方式决定。"[①] 后者指出："世界可以分解为事实。事实是由原子事实组成的。一个原子事实是多个对象的组合。对象是简单的（基本的）。对象形成了世界的基础。事实由自然语言所表达。"[②]

自然语言虽然表示成一连串的文字符号或者一串声音，但其内部事实上是一个层次化的结构。从自然语言的构成中就可以看到这种层次性。一个用文字表达句子层次的是词素、词或词形、词组或句子。一个用声音表达句子层次的则是音素、音节、音词和音句，其中每个层次均受到语法规则的制约。因此，自然语言的分析和理解过程也是一个层次化的过程。

（二）自然语言的处理

自然语言处理可以分解为一些相互关联的任务，如回答问题、机器翻译、文本摘要和语音识别。

回答问题是自然语言处理研究中最古老的一个难题，它本身可以分解成一些子问题，如基于文本的问答和基于知识的问答。在简单的文本问答中，我们

---

① （德）弗雷格：《弗雷格哲学论著选辑》，王路译.北京商务印书馆 2006 年版。
② 维特根斯坦：《维特根斯坦说逻辑与语言》，武汉华中科技大学出版社 2017 年版。

只希望从文本中检索出正确的答案。如故事的主人公是谁，故事发生在什么地方。而在基于知识的问答中，我们通常希望从结构化数据库中提取更多的语义信息。

文本检索会议（TREC，Text Retrieval Conference）等大量比赛对问答系统的表现加以评估。许多针对此类竞赛开发的系统，如谷歌等商业搜索引擎已将之用于回答查询。如果以返回事实或列表为目标，最先进的问答系统对简单问题回答的正确率在 70% 以上。对于封闭式问题的回答，早在 20 世纪 70 年代初，问答系统的成绩就颇为可观了。

机器翻译是自然语言处理的另一个问题，它在过去几十年中取得了良好的进展。经历了 20 世纪 60 年代和 70 年代的失望之后，到 20 世纪 80 年代至 90 年代，因为全球互联网络的发展，人们再次对机器翻译产生了兴趣。今天，诸如谷歌翻译等系统表明，如果两种语言的亲缘关系较近，那么机器翻译的准确度是可以接受的。举例来说，谷歌翻译对法语和英语之间的互译相当准确。如果两种语言的关系疏远（如汉语和英语），或是我们想翻译一整段话，那么机器翻译还有很长的道路要走。不过，以机器翻译当前的表现，对许多应用程序来说已经足够了。

最后，语音识别是人工智能进展极其顺利的一个领域。对着设备说话，它能理解我们。近年来取得的许多成果，深度学习仍然是背后的推手。例如，百度硅谷人工智能实验室（SVAIL）的研究成果——新一代深度语音识别系统 Deep Speech 2，包含了一个庞大的神经网络，它引入了数以百万计的转录语音。此类系统在语义上并不理解转录的文本，它们的运作建立在纯粹的句法层面上。有时它在识别汉语语音片段方面，要比人为识别更加准确。正是由于 Deep Speech 2 出色的表现，该系统被美国权威杂志《麻省理工科技评论》列为 2016 年十大突破技术之一。

尽管取得了上述进展，在一些最基础的领域，自然语言处理仍然面临着挑战。自然语言处理面临四大挑战：在词法、句法、语义、语用和语音等不同层面存在不确定性；新的词汇、术语、语义和语法导致未知语言现象的不可预测性；数据资源的不充分使其难以覆盖复杂的语言现象；语义知识的模糊性和错综复杂的关联性难以用简单的数学模型描述，语义计算需要参数庞大的非线性计算。

四、语音合成技术

语音合成技术是运用计算机技术对文本状态的文字信息进行识别，然后转换为声音信息，并通过计算机的声卡、电话语音卡等多媒体设备将声音信息输出的一项技术。简单地说，就是让计算机把文字资料"读"出来，让机器"像人一样开口说话"。

目前就语音合成系统的系统构架来说，它正朝着多语种、网络化和分布式运算的方向发展，从技术上来说，语音合成未来发展方向主要有以下几个方面：特定应用场合的计算机语言输出系统；韵律特征的获取与修改；语言理解与语言合成的结合；计算机语言输出与计算机语言识别的结合。

以下简要说明英语、汉语语音合成技术的发展状况。

（一）英语语音合成技术

许多研究机构和软件公司先后推出了各自开发的 TTS 引擎，如微软的 Speech SDK、IBM 的 Viavcice 等。英语语音合成从 20 世纪 50 年代出现以来，采用的技术内核主要有音素单元拼接、可变长度音素单元拼接、真人录音数据库，前两种技术可以简单地概括为计算机掌握了某种语言的全部音素，而合成过程就是将单词所包含的音素拼接在一起播放出来，与用国际音标来读音很相似。这种办法输出的语音音质粗糙，极不自然，难以听懂，但是可以读出的词汇几乎无限多。最后一项技术则需要预先录制尽可能多的单词的标准读音，这些声音样本构成了一个庞大的数据库，而合成过程便是计算机从语音库中检索并播放出声音，输出的语音音质与真人无异，但是采用这种技术能读出的词汇量是有限的。

目前，大多数商品化的语音合成软件采用了两种技术相结合的方式。

（二）汉语语音合成技术

汉语语音合成技术也受到了微软、IBM 等国际大公司的重视，他们开发的语音合成软件中包含了对汉语的支持。科大讯飞公司是中国产业化实体中在语音技术方面基础研究时间最长、资产规模最大、历届评测成绩最好、专业人才最多及市场占有率最高的公司。其语音合成系统的主要亮点有：首次在一个系统内同时提供多语种、多音色的语音合成服务，充分满足了用户对语音合成系统个性化和多语种的需求；能够自动识别合成文本中的疑问、感叹句式，并通过语音和语调在合成语音中表现出来；数字数值的发音更加清晰饱满，节奏感更强，短语合成更加流畅自然，可以满足各种类型的专业化需求；粤语合成方面补充了大量的口语化语料和处理规则，能将正式文本按照广东话实际播报的口语化效果进行转化；首次实现了 E-mail 文本合成和 URI 合成，可以读出Email 内容和自动下载 URl 链接文本，方便用户使用网络上的信息资源。2005年 10 月，科大讯飞向国家标准化管理委员会提出的国家标准草案《中文语音合成系统通用技术规范》，草案在标准工作组 19 家成员单位进行的表决中以18 票赞成高票通过，被确认为国家标准。

语音合成技术有着广泛的应用领域，各个领域中又有很多实用产品。如电话银行查询系统、股市查询系统、高考查分系统、护照和银行票据防伪系统、普通话教学软件、教育与娱乐软件等。可以说，基于语音合成技术的系统有着"无所不在的应用领域和无所不能的解决方案"。

第六章　学校信息化教学设计实践与融合

第一节　信息化教学设计实践

一、什么是信息化教学

教育信息化是把信息技术手段有效应用于教学与科研，注重教育信息资源的开发和利用，要求在教育过程中较全面地运用以计算机、多媒体和网络通信为基础的现代信息技术，促进教育改革，从而适应正在到来的信息化社会提出的新要求，这对深化教育改革，实施素质教育，具有重大的意义。教育信息化具有突破时空限制、快速复制传播、呈现手段丰富的独特优势。教育信息化的核心内容是教学信息化。

二、信息化教学设计存在的必要性

（一）全球信息化趋势带来教育信息化契机

置身于全球化大背景下，信息化已不仅仅是智能工具的应用，更是完全颠覆了人们原有的学习方式、交往方式、生活方式和思维方式等。很多传统纸媒被数字媒体所替代，读报纸变成读手机新闻，除了电话沟通以外，还可以应用QQ群、微信、微博等社交媒体交流信息。

（二）学生学习的需要

青年学生的特点是精力充沛，对新鲜事物好奇心强，同时，面对越来越多的外界干扰和诱惑，在没有形成强大的目标和驱动力之前，学习专注力低，持续力弱，需要明确知道学习进度如何，需要监督或打赏激励。传统的教学是老师讲课，学生听讲；互联网时代，人手一部智能手机，教师必须和游戏、影视剧"争抢"学生的注意力。

（三）教师需要利用大数据信息化反馈，提高教学效果

信息化时代，也是大数据时代，学生既是服务对象，也是学习成长的主体，良好的学习成长需要学生的积极参与。教学过程中对学生学习行为的监控分析能够检测教学环节是否有效，通过闭环反馈，不断修正提高教学水平，实现更新、创新，更好地服务于学生。

三、明确信息化教学设计的目标

（一）充分体现"以人为本"

信息化教学只是一种方法和手段。教学内容再充分，教学设计再花哨，也不能脱离教育的本质。教育的本质是关注人，关注学生在学习过程中各种能力的成长，而不是关注某个知识点或某种教学手段如何具有表现力。信息化教学仍然要注意不能偏离教育的本质，无论使用什么教育方法，都要充分体现以人为本，而不是以物为本。"以人为本"要求所有的教学素材的选择、教学过程的安排都以调动学生学习积极性、以学生能够学懂、爱学为目标，绝不能因为素材华丽，弃之可惜，而将其硬塞在教学过程中。该舍弃的要舍弃，该补充的要补充，不断与时俱进。因此，首先，认真分析学情，了解学习对象有什么样的学习特点。其次，根据学生的特点和未来社会发展的需求制定教学方案。目标是通过使用数字化学习方法，培养学生终身学习的能力。

（二）充分发挥课堂信息量充足和表现力强的优势

除了文字说明外，尽可能多采用图片、动画、视频等介绍说明，这样就更为形象直观，学生容易理解，学得更快。

（三）充分发挥学生参与度高和自主性强的优势

利用信息化手段多创造互动环节，学生的学习从被动听讲到主动参与，能明显提升学习效果。

（四）充分发挥计算机处理大数据强大的运算能力

在课前、课中、课后分别设置考核点，形成完整的教学反馈，通过数据统计反映教学情况，老师知道学生掌握得怎么样，该怎么教，学生知道差距在哪里，该怎么学。

四、信息化教学设计的具体实施

（一）组建教学团队，课程建设精品化

组建教学团队，发挥教师专长，落实教学设计、制作动画、拍摄视频、后期处理、建设题库等环节，并搭载现有学习平台，如UMU课堂互动、蓝墨云班课、超星尔雅等，建设精品课程。

（二）教学设计

设计内容。在教学设计内容的选择上，不是所有内容、所有知识点都需要一并进行信息化教学设计。教学过程信息化是逐步的过程，不是一蹴而就的。要优先解决关键知识点，优先解决学生不易理解、不会运用的知识点。在教学过程中，逐步发现问题，逐步解决问题。在知识点的选择上，应优先选择属于课程重点难点、直观性差、不易理解的内容。针对知识点提出教学目标，并逐步分解目标，设计具体的实现路线，明确实现步骤。

设计知识点。采用分析故障现象等方法提出问题，并明确要达到的目标，找到二者之间的差距，逐步分析问题。对逻辑性强的知识点，配合动画演示和

理论推导，能增强学习效果。

设计教学环节。以内燃机配气正时为例，分别设置以下教学环节："课前测试"，考察前期知识掌握牢固程度和预习情况，翻转课堂；"课上启发"，引导学生自主进行理论推导，得出结论，并将结论内化；"课后测试"，测试当堂学习效果；"课后拓展"，变化工作条件，让学生以小组为单元自主研究分析，通过分析练习掌握分析方法；"课后作业"，练习巩固学习成果，防止遗忘。

学习游戏设计思路。游戏已经是让很多家长和老师深恶痛绝的东西。与其盲目地反对和制止游戏，不如研究一下游戏是如何吸引人的。从而，我们引导学生把时间、精力用在更有价值、更有意义的学习和生活中来。游戏之所以让玩家欲罢不能，是因为游戏设计很讲究，抓住了玩家的心理特征。首先，游戏设计零门槛，易上手，即便是几岁的小朋友，也很容易树立信心。其次，由简到难、循序渐进，获得成就感。再次，游戏让你很清楚你现阶段的目标，如何实现，到哪一步了，对整个进度了如指掌。最后，设置积分、龙虎榜等反馈奖励机制，激发玩家的成就感和好胜心。教学设计也需要借鉴游戏设计的心理机制。知识点通俗易懂，容易树立信心；由简到难，循序渐进，让学生逐步找到成就感；让学生清楚自己的学习目标、实现路径、学习进度，并及时反馈奖励，激发学生学习的成就感和好胜心；注重团队合作，通过合作共同进步，形成相互促进的正向朋友圈。

教学评价设计。教学信息化程度的提高伴随而来的是学生学习评价难度的提高。一般在线作业，都是客观题，学生只花几分钟时间就可以"完成"，而且很容易参考其他同学的作业，教师不能得到真实的教学评价数据。在课堂上检查学习成果，受时间所限，很难完全了解每一个学生的情况。利用 UMU 软件中的"视频作业"，可以真实检查学习成果，弥补课堂反馈时间有限的不足。在视频作业中，学生需要讲解分析解决问题的思路，最不能"造假"，而且锻炼提升了学生的口头表达能力。

通过信息化教学设计，实现用网络加强师生、生生相互之间的联系沟通，通过数据的比较分析，使教师更客观地掌握学生的学习情况及学生的特点，找到更适合的方法，有效地引导，并提升学生的学习能力和知识水平。随着信息化程度的加深，信息化必将有力地推动教育现代化。

第二节　混合学习设计实践

一、基于慕课（MOOC，Massive Open Online Course）的混合学习教学设计

信息技术的高速发展带来了教育理念、教学模式和学习方式的深刻变革，传统课堂教学受到史无前例的强烈冲击。传统课堂学生课堂参与度不高，师生互动较少，课堂教学效果和满意度不高，学生获得感不强。传统课堂学生的主动性和创造性没有被全部挖掘出来，难以实现个性化，考核评价模式单一。慕课的出现似乎给课堂教学带来了一种新的课堂教学改革路径。自 2012 慕课元年后，慕课经历了快速扩张、反思、平稳可持续发展几个阶段。慕课因有内容精品化和碎片化、学习过程自主性和个性化、学习对象的广泛性和公平化、评估的实时性和科学性等优点而广受学习者追捧。但慕课也存在诸如课前不能快捷地将学习资源精准推送给学生、学习过程中遇到困难不能及时解决、学习进度难以追踪、学习效果反馈不及时、学习干预不完善等问题。通过对传统课堂、慕课教学现状的困境成因进行深入分析发现，只有将传统课堂的优势与慕课深度融合，各取所长，才能提高课堂教学效果，提高混合学习的有效性。其中，混合学习教学设计是提高教学效能的关键因素之一。在此背景下，构建科学合理的混合学习教学模式是当前混合学习相关研究的热点。

（一）混合学习教学设计的基本内涵

1. 混合学习内涵

柯蒂斯·邦克（Curtis Bonk）把混合学习定义为"面对面教学和在线学习

的结合"[①]。美国培训与发展协会的辛格（Singh）等人认为，混合学习是一种采用不同传递方法以降低成本和优化传出的学习方式，即在适当的时间，为适当的对象，以适当的传递媒体，通过适当的方式，提供适当的学习内容，以最小的投入获得较高的学习收益。[②]

上述关于混合学习的定义分别从学习环境、教学方式、教学方法和教学绩效方面进行了描述，从不同的方面揭示了混合学习的本质，同时，也反映了国外研究者对混合学习所关注的内容各有不同，但本质都是为了提高教学效果与效率。

国内关于混合学习的研究和实践也已经开展了很长时间，主要体现在通过优化教学过程实现教学效果的最优化。例如，我国电化教育学界的泰斗南国农先生最早对混合学习的理念和要素进行了实践探讨与反思。北师大何克抗认为，混合学习体现了以教师为主导学生为主体的教学方式，极大地激发学习者的积极性、创造性和能动性。学者李克东、赵建华等人认为，混合学习能够根据具体问题和所授知识的需要，选用不同的教学方式和策略解决问题，以最小的成本取得最大的效益。国内学者对混合学习比较一致的观点是：混合学习不仅是学习方式的混合，也是各种教学要素的混合。因此，混合学习是依据一定的教学目标，综合利用面对面传统教学和数字化教学的优势，综合学习内容、学习者和教师特征、学习环境等因素对教学媒体和方法等进行选择、组织、实施或运用，以实现教学效益最优化。

2. 混合学习教学设计

教学设计对于顺利实施和开展教学活动、保证教学质量和效果尤为重要。混合学习教学设计是为了提高混合学习的有效性、对相关要素进行统一规划和统筹的过程。混合学习的要素主要包括学习者、教学者、辅导者、学习环境、学习资源、学习过程和教学评价等。进行混合学习教学设计时要对这些要素进行综合考虑，以确保这些要素在教学过程中发挥最大效能。近年来，教学设计

①　（美）柯蒂斯·邦克，（新）伊莲·邱：《激励和留住在线学习者的100个活动：TEC-VARIETY应用宝典》，中央广播电视大学出版社2016年版。
②　（韩）凯瑟琳·辛格：《非暴力沟通教程》，玄爱善译，中国青年出版社2021年版。

的研究与实践主要集中在学习资源与环境的设计研究、教学策略设计、教学评价方法与学习共同体的构建研究等方面。同时，慕课等在线学习的兴起，对混合学习教学设计提出了更多更高的要求。混合学习是对建构主义的深化，主要体现在混合学习理念对人的关注。因此，基于慕课的混合学习教学设计，就是通过服务学生的学习过程，设计学生主体进行实践活动的环境，关注学习者的整体性和完整性发展，促进学生更加富有智慧地学，教师更加富有智慧地教。本节将从教学流程、学习过程、学习活动、媒体选择、学习资源与环境等方面进行设计研究。

（二）基于慕课的混合学习教学设计

1.混合学习教学过程的基本环节

进行混合学习教学设计之前，首先需要了解混合学习教学过程包含的基本环节。关于混合学习著名，学者乔希·贝尔辛（Bersin Josh）认为，混合学习教学过程应该包含定义学习需求、制订学习计划和测量策略、基础设施与内容的选择及执行计划、过程跟踪与测量四个基本环节。

（1）识别和定义学习需求。学习者的学习需求是多样的，包括获取知识、发展智力、培养技能和态度等。只有明确学习者的需求，在混合学习设计时才能有的放矢，设计出具有针对性的教与学程序。学习需求与教学目标具有一定的相关性，因此，在识别混合学习者的需求时，可以先从分析教学目标入手，进而与学习者个体建立联系。确定需求之后，需要对学习需求进行分析，以便从概念层次上理解和细化学习需求，如考虑在教学过程中实现学习者需求的流程及操作程序等。

（2）制订学习计划和测量策略。在分析学习者特征的基础上，制订具有针对性的学习计划并设计了解计划实施的测量策略。学习者特征通常表现为学习风格、原有知识及技能水平、智力水平、认知发展水平等学习素养等方面的内容。学习者特征对学习者影响很大，包括他们对知识的态度、接受程度等。因此，了解学习者特征有助于学习计划的制订与有效实施。针对学习计划贯彻和实施情况的测量，可以采用过程性测量和终结性测量等形式，其中过程性测量具有诊断功能，能够帮助教师更好地了解学习计划的执行情况。

（3）基础设施与内容的选择。在实施混合学习之前，要了解开展混合学习的基本环境条件，即相关基础设施和学习环境配置情况，以保障顺利开展在线学习。在设计和准备混合学习基础设施时，需要优先考虑网络带宽、学习关系系统的限制、学习时间限制、哪些内容适合课堂学习、哪些内容适合网络学习、针对学习内容的量规标准（评价标准）等因素。

（4）执行计划、过程跟踪与测量。该环节主要是执行学习计划、跟踪学习过程、对学习结果进行测量。执行计划阶段所涉及的因素很多，如学习者参与活动的情况、辅导情况、任务完成情况等。要对这些要素进行及时监控，以保证学习计划高质量实施。配合计划实施过程的有效手段是对学习者的学习进行跟踪，以了解学习者参加混合学习的基本情况。通常采用的方法是记录学习过程的相关数据，根据测量数据变化情况可以了解学习者在参与混合学习过程中的变化情况，以反映学习者是否达到预期的学习目标、混合学习过程是否有效、学习计划是否被有效实施等。

2.混合学习教学设计模型

系统化的教学设计模型是教学设计理论的抽象化图形描述，以其操作性强、可视化等特点而成为培训和教育领域课程设计与开发的指导性设计模型。混合学习教学设计模型是在实践中形成的，体现混合学习教学理念，教学流程并不固定。因此，在混合学习实践应用领域，利用混合学习教学设计模型指导混合学习过程，可以取得更好的效果。

（1）传统教学系统设计模型 ADDIE。学者祁卉璇认为传统教学系统设计模型包括 Analysis（分析）、Design（设计）、Develepment（开发）、Implimentation（实施）、Evaluation（评价）五个阶段。该模型对分析混合学习过程和进行混合学习系统教学设计具有参考和借鉴价值。

Analysis（分析）：在教学系统设计的分析阶段，需要考虑对学习过程所涉及的要素进行系统性、开放性、协同性规划。这些要素主要包括学习者、学习目标与内容、学习环境、学习资源等。

学习者学习的过程即是知识建构的过程，不同的学习者对学习内容的理解、反应、领悟的速度等都不相同。因此，只有通过对学习者的入门技能、已有学业能力水平、知识基础、学习动机、群体特征等进行分析才能因材施教。学习目标分析（或教学目标分析）是明确学习目标的过程，即学习者通过学习后，他们能达到什么目标，需要掌握哪些知识、技能，需要控制哪些行为方式等。通过学习内容分析，可以确定与学习者相适应的学习方式，可以确定哪些内容适合进行传统课堂教学，哪些内容适合进行网络学习。学习环境是学习者进行探索和学习的场所，对学习环境的准确分析能为学习者的学习提供良好的条件。学习环境是将对学习者学习提供支持、帮助的内外部条件。学习资源不仅包括学习内容和学习资料，还包括人、媒体、策略、方法及环境条件等要素。

Design（设计）：主要是针对教学过程的设计，如教学过程组织、学习活动设计、教学媒体选择等。

Develepment（开发）：教学系统设计的开发阶段主要是指开发每个教学过程的具体步骤，如对课堂资源和课外资源的开发等。

Implimentation（实施）：实施是教学系统设计的关键环节，它将教学设计应用到实际教学或培训过程中。

Evaluation（评价）：教学实施后，其学习目标是否顺利达到、新的学习方式与模式比原有的是否更有效等，这些都依赖于科学的评价标准和评价方法。

当然，传统的教学系统设计模型还有 ASSURE（Analysis State Select Utilize Require Evaluate）、ASPIRE（After School Program Inspiring and Reinforcing Education）等模型，其核心内容与 ADDIE 模型相当。

（2）基于慕课的混合学习教学设计。教学活动设计是开展教学活动的根基，也是影响课堂教学效果的关键因素。本研究在借鉴 ADDIE 等模型与翻转课堂教学模式的基础上，以"项目驱动、问题导向"为设计理念，融合、创新教学设计。本节基于慕课的混合学习教学设计模型将从前期分析、混合学习教学设计、评价设计三个方面进行阐述。

1）前期分析阶段。科学合理的教学设计是取得良好教学效果的关键，而教学设计离不开对其研究对象的分析。在基于慕课的混合学习教学设计中，教学设计者应从教学目标、教学内容、学习者、课堂教学效果影响因素等方面进行分析。同时，还应将教学实施者的信息化教学能力因素考虑其中，以确保提高学习效果与效率。

2）混合学习教学设计阶段。混合学习教学过程是教学实施者、学习者、学习环境、学习媒介等要素相互作用的动态过程。基于慕课的混合学习教学设计从课前导学、课中研学、课后练学三部分进行教学设计。

课前导学：通过简单易懂的方式将学习者引入课前导学阶段。此阶段在线上慕课平台上进行，包括浅学和深学两部分。教学设计者根据学情向学生推送项目任务书、项目描述及相关音视频等资料，学生根据音视频资料进行浅学。在此基础上，学习者根据教师下发的任务单进行稍微深一点的深度学习与自主学习，拓宽学习内容、激发学习兴趣，使项目问题变得更加清晰。学习者完成课前导学测试并通过慕课学习平台将结果反馈给教师。同时，学习者将课前导学过程中的学习体会、遇到的疑问记录下来，以便教师在课中研学阶段进行针对性、个性化的指导。

课中研学：在课前导学基础上，此阶段主要是针对重点知识、技能，容易出错的问题、疑难杂症问题等进行深入探讨并最终解决问题，此阶段在面对面课堂上实施。教学实施者首先对当堂知识的重难点内容做精练讲解。其次，对课前导学阶段疑难杂症等问题进行针对性的解答。此阶段以学生小组为单位进行协作与探究学习，教师加以适当点拨，提高学习效果。最后，在课堂学习活动结束后教师组织学生汇报成果，对尚存疑问进行交流、反思，并完成课堂达标测评等内容。

课后练学：此阶段主要是对知识、技能进行拓展深化与应用。此阶段在慕课平台及线下实施完成。首先，学习者在慕课平台上通过项目作业、测试、拓展学习资料等环节的学习进行提升、拓展。其次，教师根据课堂测评结果进一步优化设计课后巩固练习，指导学生对知识进行查漏补缺。最后，基于慕课平台的智能评价系统提供实时的反馈信息，对整个学习过程进行监控、干预，提高学习成效。

混合学习教学设计，还包括学习资源设计开发、混合学习环境设计、教学实施策略等内容。混合学习教学资源开发设计方面，采用"自建＋改造＋引进"的模式，基于慕课平台云端及混合学习特点，开发验证性、探究性等实训项目，促进学习者自主与深度学习的发生。教学实施策略选择与学习环境设计方面，主要对课程师资、教学资源、课程评价、基础设施等因素进行综合考虑，以确保混合学习教学设计顺利实施。

（3）评价设计阶段。评价是教学的重要组成部分，其目的在于促进学习、检查学习成效，通过评价过程中的反馈信息及时进行教学设计的动态调整。本研究基于数据挖掘、学习分析等技术，对学习者学习过程的行为数据（学习过程交互性、参与度、持续度等）、学习结果数据等多个维度进行多元评价。设计的发展性学习评价系统，支持学习者学习过程数据全程抓取、探究路径记录、学习进度督导、学习预警等功能。通过发展性评价促使学生实时发生教学反馈，提高学习效能。

传统面对面教学、远程教学及混合学习的目标均是为了提升教育质量和人才培养质量。基于慕课的混合式教学是课堂教学的一种延续性创新。本研究设计了基于慕课的混合学习教学设计模型，从前期分析、混合学习教学设计、评价设计三个方面进行了阐述，重点从课前导学、课中研学、课后练学等方面对混合学习教学设计进行了详细阐述。虽然研究中应用了班级差异化教学、小组合作研创性学习、个人自主适应性学习、群体互动生成性学习等教学策略及学习分析技术，但在挖掘学生深度学习、学习者学习行为分析、学习策略调整、学习干预等方面还需要更多的实践与创新，也有待研究者和实践者进一步深入研究。

二、混合学习理念下的微项目教学设计

项目教学是把理论知识以若干个项目模块的形式呈现，以建构主义学习理论为基础确立的教学方法。项目教学过程中，学生是项目推进的主体，教师是引导者和组织者。学生以项目中的任务为导向，加深对知识的理解，从实践中解决具体问题。

"微项目"教学是"项目教学"模式的"精缩版"，是通过课程设计、细化任务内容将项目意识贯穿于整个教学过程中。其能够激发学生的探索欲望，促进学生内化知识，建立自我知识体系，从根本上帮助学生深化分析、辨析、协作、交流等综合能力，切实提高学生的核心素养。

（一）"微项目"教学的作用

1. 创设微项目情境，激发学生学习兴趣

"微项目"教学可以为学生创设微项目情境，尽可能提供一个接近真实岗位的任务。学生置身于岗位任务之中，真切感受不同工作岗位的需求和挑战，并通过任务驱动的方式推进学生对知识的深层理解、吸收和应用。

2. 树立角色意识，促进学生能力提升

"微项目"教学是课程标准和岗位实践相结合过程中摸索出的新路径。在微项目中，学生是主体，是项目活动的参与者；教师起主导作用，适时给予学生鼓励和指导。学生主动观察、思考和总结，个性得到了尊重，能力得到了提升。

3. 多元评价结合，总结提升拓宽思维

灵活采用学生自我评价、小组内互评、小组间互评等多元评价方式，能够从微项目参与度、任务完成度、个人能力提升度等多个层面对学生进行评价。企业项目负责人进行点评，使形成性评价与终结性评价并行，综合测查学生对知识的应用能力和实际解决问题的能力。

（二）"微项目"教学的实施过程

微项目教学法的课程设计环节包括项目确定、计划制订、活动探究、作品形成、成果汇报和整体评价六个部分。

第一，微项目选择是关键。教师团队要在微项目选择之初对课程知识和学生能力进行调研与评估。微项目的任务要具体、操作性强，由此来替代传统单一的实训任务。

第二，计划制订要符合规范并贴合学情。微项目教学计划的制订，必须以学校的教学大纲和教学目标为基础。为保障微项目法能够顺利开展，教学计划还要结合学生实际合理安排和调整时间。同时，还要考虑到学生的知识技能水平、知识获取习惯等，更要考虑社会对职业学生能力素养和技能的需要。制订计划过程中，要力求从项目实施到完成的每一个步骤和过程，都能让所有学生主动参与，并善于通过小组合作的方式完成任务。

第三，活动探究提倡以学生为主、教师为辅的原则，践行"以学生为中心"的教学理念，以锻炼实践能力为导向，促进学生在自主探究和小组协助的过程中提升分析问题、解决问题和组织协调的能力。活动探究过程中，结合混合式学习的环境，让混合学习理念在教学过程中起到巨大作用。探究活动可以在线上、线下同时开展，既能借助线上资源优势，拓展学生解决问题的思路，又能利用信息化手段提高工作效率，可谓一举多得。

第四，作品形式可以多样。对于工科类课程，作品可以是某个重要配件或设计图；对于文科类课程，作品可以是整体设计中针对某一环节的解决方案或任务表格等。作品不拘泥于形式，只要能达到巩固知识、提升素质的目的即可。

第五，成果汇报环节是提升综合素养的重要手段。此过程既是对微项目探究、解决过程的总结和梳理，又是学生提升归纳总结能力、语言表述能力的重要手段和有效途径。观点的分享与碰撞还可以激发学生的竞争意识，锻炼和提高学生逻辑思维能力、独立分析和解决实践问题的能力，推动学生之间协作能力的培养，为日后就业的团队配合打下基础。

第六，多元方式进行整体评价。学生个人、小组内部、小组之间、教师、企业项目负责人都可以对汇报成果进行评价。教师先对提交的成果进行验收，并与企业项目负责人一起分析，给出具体改进意见。期间，学生可以对自身问题或其他组的分享进行点评和交流，最后全体成员对微项目进行总结。

（三）混合学习理念下微项目教学的个案实践

现以海运课程内容为例，深入探讨在混合学习的支撑下，如何进行微项目教学课程设计和实践。

海运课程一直是跨境电商、物流等专业的重要内容，尤其在我国开展"一带一路"以来，这部分知识就更具有现实意义。然而，学生在校期间很难接触相关业务，这就会影响学生的认知和理解，造成对知识内容理解不深。传统学习方式枯燥乏味，不利于学生对知识的掌握和吸收。自从引入微项目教学法，采用线上＋线下相结合的混合式学习后，学生的学习积极性显著提高，同时对海运有了深入理解。具体实施如下：

1. 微项目确定

由于海运知识内容庞杂，就海上货运船舶的介绍而言，就已经涉及了十多种不同功能、不同特点的船舶，其对货物属性分类及要求更是复杂。学生每每学到此处都觉得枯燥，记忆知识更加困难，无法转化为内化知识。在与相关企业做了交流后，在此内容的教学中，教师采用微项目，把海运的项目任务进行详细划分，从学生生活入手，激发学生的好奇心和学习兴趣。

结合学生学情和当地经济和产业情况分析，学生所在城市是珠三角的著名工业城市，每个镇区都有特色产品远销海外。在海上货运船舶概况课程中，教师设计微项目，为家乡特产选择合适的船舶。这个项目的确定有利于学生综合运用所学知识，同时，在完成微项目的过程中达到了了解家乡、热爱家乡、提高促进家乡经济繁荣意识的目的，充分考虑了教学设计中的德育渗透和课程思政。

2. 计划制订

微项目计划制订之初，是以镇区为单位自然分组，选择组长共同研究。增强各自镇区属地的使命感和责任感，小组配合制定素材搜集计划，如家乡的特产名称从哪里收集，产品特性何处了解，各类海运船舶是否能经停本地等等。并在分工后积极开展调研实践活动。小组的有效运行也是微项目教学顺利开展的条件之一。

3. 活动探究

混合式学习理念为微项目的开展提供了有力帮助。采用线上、线下混合式学习方式，学生通过网络信息搜集、整理，了解了当地丰富的特产资源。通过钉钉、微信等平台与企业专家沟通，明确了特产的货物属性和海运注意事项。再借助当地相关部门开放平台了解本地海运货物吞吐量和停靠船型。最后将资源上传到小组讨论区进行分享。团队成员一起进行项目需求分析和实施方案制定，通过思维导图整理思路，根据微项目任务书中的内容将货物进行分类，并尝试选取相应的船舶，最终通过集体分析论证得出初步设计方案。在此过程中，学生的网络信息素养得到提升，团队配合意识和责任意识显著提高。同时，在分析问题、解决问题的过程中，把所学知识融会贯通。

4. 作品形成

教师要随时掌握各小组的微项目进展，如发现微项目推进不力的情况，可以适当点拨。通过线上讨论或下线指导等形式帮助学生解决问题。但是，指导内容不宜过多，大胆放手，适度让学生经历从失败到成功的磨炼，才能达到微项目设计的目的。

微项目教学法的实施，增强了学生对所学理论知识的梳理和巩固，达到了学以致用、融会贯通的目的；同时，也较好地提高了学生适应真实工作的能力，提升了振兴家乡经济的意识。

5. 成果汇报

项目结束后，小组推荐宣讲人上台宣讲设计报告中的解决方案。设计报告包括家乡特产及属性特征、船舶选择及依据、航运中的注意事项等。宣讲内容遵循设计报告的内容开展，细心的小组还绘制了效果图，以佐证自己的观点。如沙溪镇的特产是服装，学生制定的方案是用杂货船运输，航行过程中要与大蒜、茶叶等有明显气味的货物分开放置等。此组同学在总结处更是对本地的经济发展提出了自己的想法：目前沙溪的服装处于贴牌、代加工的低端水平，如果能注重产品设计和质量、合理营销，中国服装行业将拥有属于自己的世界品牌。到那时，服装不会再用杂货船运输，而是采用防皱、防潮的挂衣集装箱。

6. 整体评价

作品汇报结束后，采用多元评价方式，包括自我评价、相互评价、教师评价相结合的方式。按照统一标准进行评比并采用百分制评分。各项目组成员及企业导师、教师共同讨论设计方案，并提出改进意见，为各个小组完善设计。若改进后评分仍不足 60 分，实践成绩记为不及格。

本节提出并实践基于微项目的教学模式，应用过程中达到了良好的教学效果。在教学设计中，结合微项目教学实施过程，以及学生在理论学习过程中的实际状态，正确设计和执行微项目教学的步骤。同时，教师还要给予适当的指导，让学生顺利进行理论与实践知识的学习。最后，组织学生进行微项目的成果展示，并让学生分享、讨论和修改。学生在获得成就感和主动性的基础上，提升了学习质量。

混合学习环境下的微项目教学设计是专业教师善于思考、勇于实践、乐于创新的成果，也是专业课程教学改革的体现。可以看出，持续系统地设计微项目任务，不仅能为每一位学生创造很好的实践机会，而且锻炼了学生独立自主完成项目的能力。学生的竞争意识和团队协作精神得到了改善，创新创造能力得到了培养，热爱家乡的意识和思维得以提升。这些能力的锻炼，为学生独立分析和解决问题奠定了基础。同时，微项目教学具有广泛的实用价值和推广价值，可以尝试在各个学科专业课程中使用。

三、促进自主学习的混合教学设计

自主学习（autonomous learning）是一种以人本主义心理学和认知心理学为基础的现代学习理念和学习方式，是指学习者通过自我选择、自我内化而实现的一种自律、自主的学习活动。相较于以教师为中心、学生处于服从和被动地位，忽视学生个性的传统灌输式教学，自主学习重视个体差异，鼓励学习者在教师的正确引导下，根据各自的基础和学习特点，选择恰当的学习内容、学习方式和学习场所，充分发挥了个人主观能动性。在信息爆炸、科技日新月异、人工智能呼啸而来、职业变动成为常态化的今天，大学生自主学习能力的培养尤其必要和迫切。

但是从目前高校现状来看，大学师生尚未为自主学习做好充分准备。一方面，长期应试教育指挥棒下成长起来的大学生，尤其地方院校的大学生，已经习惯于教师"满堂灌"授课方式下的被动学习，自主学习意识弱化，需要通过教师的合理引导促进其自主学习能力的提升。另一方面，引导学生自主学习需要教师通过多样化的教学途径、教学手段和教学评价设计，创设基于学生个性特征的知识建构和能力、素质养成的有效学习环境，对高校教师的教学设计能力提出了更高要求。

近年来，随着 MOOC 到 SPOC（Small Private Online Course）等"互联网＋教育"浪潮的推进，混合学习（blending learning）在各类高校中得到广泛研究和应用。选取 2012—2016 年中国知网数据库以"混合学习"为关键词的相关论文分析显示，混合学习已进入应用阶段。在此背景下，基于促进学生自主学习的理念，在电子信息类专业多门专业课程中进行了两年多混合学习的教学探索。实践证明，一方面，学生对混合学习的认知度、参与度、满意度都有较高的评价，相对传统课堂更喜欢该模式。另一方面，由于学生对自主学习所要求的主动思考、善于提问和学习管理适应不足，影响了自主学习的效果。有效自主学习需要教师改变传统教学模式，借助于混合教学模式，对学生的个性特点和认知需求进行认真分析，针对不同类型知识点进行分类教学设计，创设合理、新颖的学习情境、学习活动和评价机制，以激发学生的学习动机和兴趣，充分发挥学生作为学习过程主体的主动性、积极性与创造性。

下面主要通过笔者对混合教学的实践和思考，探讨地方应用型高校实施促进学生自主学习的混合教学设计原则、策略和方法。

（一）混合学习模式与教学设计原则

混合学习是指在"互联网+"背景下传统学习和数字化学习优势的结合，是线上、线下学习环境的混合，也是师生面对面交流学习、学生合作学习与碎片化自主学习方法的混合，也是富媒体化学习资源的混合和基于问题导向和案例、任务驱动等学习模式的组合。其核心理念是"低投入高产出"，即支持不同学习者应用个性化的学习方式，利用相对灵活的时间，获得最佳的学习效果。实现有效混合学习对教师的教学设计能力提出新的更高要求。

1.混合学习模式的构建

实现学生混合学习的教学设计，以学习者的学习目标（预估学习成果）为出发点。

电子信息类专业课程的知识与技能可以分为识记性知识（包括事实性知识和概念性知识）、程序性知识（技能性）和能力型知识（学习者对所学知识和技能内化后的产物，主要指学习者运用所学知识、技能解决实际问题的能力，包括元认知能力）。区分不同类型的知识是教学设计环节对课程知识点进行拆分、归类，开发设计学习资源的前提。过程和方法目标是学生通过课程学习掌握和提升的能力目标。情感态度和价值观目标则是课程学习对学生多种意志和品质的锻炼和培养。

在当前应用型地方院校的工程类专业教学中，工程教育专业认证因其突出教学目标产出导向（OBE，即 Outcomes-Based Education），以学生学习成果、毕业达成情况为中心，并持续改进培养质量的核心特征，集中体现了自主学习理念，成为工程类专业课程教学改革的主流趋势。因此，我们将电子信息类专业课程混合学习目标聚焦于学生学习成果和毕业时应具备的实际能力，强调教学活动设计应围绕学生的实际能力及未来职业发展需要，重视培养学生适应未来、适应社会的综合能力和素质，不再过度关注类似识记性知识的结构化学习任务，而是更多地关注学生通过更具挑战性的项目化、综合性学习任务，以培养其质疑、分析、探究、实践、合作和沟通、决策的能力，培养在工程情境下解决系统问题所需的创新能力、高效利用信息能力、组织沟通能力和规划能力等，实现更高思维水平的深度学习。

师生双主结合，形成学习共同体，才能完成混合学习的建构。教师借助移动学习平台为学生提供学习导航，实现在线资源推送，对课前、课后学生学情进行分析、评价与干预，为线下组织课堂深度学习活动提供依据。而学生借助于移动学习平台在课前、课后实现相对时空自由的自主个性化、碎片化学习、课前入门测和课后出门测及生生间、师生间在线交流、互动。在课堂上可以通过参与教师主导下的个人探索、小组讨论、合作任务、成果展示等活动实现知识内化，充分锻炼自己，实现不同层次、不同类型学生个体的学习目标。

2.实现混合学习的教学设计主要原则

（1）学习过程适度结构化。学习过程的结构化是指对学习时间、地点和内容的明确规定。适度的结构化学程有助于学生养成良好的自主学习规律，实现个性化知识建构，保证学生自主学习的动力和效果。由于混合学习是对传统学习模式的革新，学习者不仅要进行课程知识加工，还要对学习方式、资源类型等额外分配注意力，可能增加其外部认知负荷，从而影响其混合学习有效性。为保证低投入高产出，应建立相对稳定的学习流程，提前规划每周（单元）学习进度，以帮助学习者逐步形成规律的学习节奏。结构化程度要适度，给不同学习风格、知识水平及学习目标的学习者提供适当的时空弹性。例如，每周课堂学习时间固定，课前观看视频的时长、次数则不受限制，课前入门测试和课后出门测试可以多次刷分等。

（2）导学设计便捷可视化。混合学习环境提供了更丰富的资源、工具与技术。但如果信息呈现方式不当，碎片化、冗余信息过多，易导致学生信息迷航或认知超载，因学习目标不明确、学习进度受阻而产生焦虑、自卑等不良心理反应，导致学习低效甚至无效，影响学习积极性。因此，教师在混合学习教学设计中应提供便捷清晰的学习导航。使用课程知识地图、概念图等知识可视化工具，帮助学生了解知识模块定位，明确知识流向，促进碎片资源系统化。使用单元导学任务单、课堂活动概念图、思维导图等，既可作为学生知识建构、思维交流和评价反思的支架，也有助于学生合理规划学习时间。选择资源呈现方式和内容，减少学习盲目性，实现个性化学习，还有助于引导学生通过知识建构、思维训练和学习评价活动，促进自主学习能力的提升。

（3）学习任务差异化和资源多样化。从多元智能理论出发，学习任务的差异化设计是基于现阶段地方院校生源质量的差异及学生学习基础、个性与学习方式的个体差异。借助在线资源，基于学生个性特征分析的多样化呈现形式和针对学习要求差异的层次化内容的提供，加之课上小组合作和教师合理评价的引入，为实现因材施教、差异化混合学习提供了条件。在满足课程大纲基本要求的前提下，设计基本任务、一般任务和提高任务，适应不同层次学生的学习需要。

多样化资源建设与差异化学习任务相对应，针对不同知识点、知识类型及学习者提供视频、语音、文本等不同形式，挑战性低、中、高不同的案例，满足不同层次、不同类型学生自主选择学习的需求，充分挖掘潜力，调动所有学生自主学习的积极性。

（4）学习评价与反馈的平衡化。学习评价的平衡是指对学生自主混合学习的形成性评价与课程总结性评价方式的平衡，自评与互评、小组评价、教师评价等多元评价主体的平衡，线上学习成果实时评价与线下课堂评价的平衡。学习反馈的平衡化设计避免了混合学习环境下师生交流导致的教师课外工作量剧增的现象。教师可以设置一段时间（如24h）内对学生提问或测试结果的在线反馈。平衡化学习评价和反馈的主要目的是实现师生及时有效的互动，激励学生持续维持自主学习动力，逐渐变被动学习为有效自主学习，并通过学习态度、行为和效果的综合衡量，克服以往仅以卷面成绩定终身的片面性，鼓励"各尽所能，人人皆可成功"。

（二）基于手机平台的电子信息类专业课程混合学习教学实践

电子信息类专业课程一般理论和实践性强、软硬件技术综合、工程性要求高。随着学分制的推进，理论课内容多与课时少的矛盾突出，传统满堂灌式教学和一考定终身的考核机制，再加上生源多样化导致的基础参差不齐，学生厌学成风，课堂上低头族屡见不鲜。课上玩手机、期末突击备考成为常态，理论基础低下导致相关实验和课程设计效果不佳，学生懒得（或不会）动手，数据造假、报告抄袭现象严重。课程学习效果不佳，最终导致毕业生专业水平、综合素质低下，考研率持续走低，就业困难。作为一线教师，笔者所在课题组从2016 年开始，以促进学生自主学习和个性化学习为目标，在电子信息类本、专科专业多个班级、年级和多门课程教学中建立了混合学习的教改试点。

1. 混合学习模式教学设计要点

（1）构建功能完备的低成本智慧教学环境。智慧教学环境就是基于互联网、大数据、云计算、虚拟现实、移动学习平台的新型教育信息化环境。从自下而上的教学改革条件出发，课题组的混合学习实践研究选用了两款免费的移动教学工具——学堂在线和清华大学共同研发的雨课堂及北京智启蓝墨信息技术有限公司开发的蓝墨云班课。两款软件界面和使用方法有所差别，但均可充分利用现有的移动信息化条件，完整实现智慧教学所必需的"资源推送智慧化、交流互动立体化、评价反馈及时化、教学决策数据化"，充分体现自主学习理念，实现了手机移动学习和传统多媒体 PPT 授课的完美结合，为混合学习创造了较为完备的条件。在多门课程的教学试点中，选用了两种教学平台加以比较，实践证明，两种平台都得到师生普遍认可。

（2）理论与实践课程一体化设计。在数字电路、EDA 技术、自动控制原理、JAVA、信号与系统等电子信息类专业课程教学（涉及通识课、专业基础课和技术基础课）中，均涉及内容密切相关的理论、实验及课程设计环节。通过教师兼任理论与实践课程，整体组合设计和全程构建各教学环节，将理论与实践课统一安排在多媒体实验室，实现师生共同体"讲与做、学与思、看与练"模式下理论与实践学习环节融为一体，既有助于提高学习效率，又充分调动了学生兴趣和理论应用积极性，大受学生欢迎。

（3）问题—任务—项目导向的混合学习活动设计。混合学习任务的合理设计是自主学习有效推进的关键，通过设计将课堂面授和在线学习协同整合是教学设计的重点和难点。在实践中，我们逐步形成了问题—任务—项目导向的混合学习活动方案。其要点如下：

1）以一次课堂学习或一次实践环节（一次实验或课程设计）作为一个学习单元安排活动，课堂学习与课下在线学习组合，以课堂学习为主、课下在线学习为辅。线下学习以基础型、复习型、较简单或拓展型知识点的解决为目标，设计系列问题引导学生展开自学。课堂学习以解决重点、难点问题或线下活动中反馈的共性问题为主。

2）通过对课程知识点的拆解，划分确定各单元学习目标，根据理实一体的原则设计系列化任务情境和实践项目。

3）针对每个学习单元的学习目标和任务情境，按照总分式、渐进式、对比式等方式进行活动组合。总分式活动组合是指将活动区分为较低层次子活动和较高层次子活动；渐进式活动组合是指将大的活动任务划分为若干个循序渐进式的子任务；对比式任务则是将知识点间具有强烈对比特征的学习任务相组合。

4）活动设计多样化、流程化。教师围绕知识点设计学习资源，利用学习任务单、项目任务书等形式提供导学。学习者课前针对初级、入门问题观看视频、课件、教材，完成较低层次或前端子任务的学习与测试，并通过在线交流将存在的疑问反馈给教师。教师根据学生课前线上学习情况，归纳提炼形成课堂问题系列，设计课堂活动方案，通过讲解、讨论、小组协作、个别辅导、项目汇报、测试等多样化形式，完成较高层次子任务或子活动，实现知识内化和深度学习。

课后则通过作业练习、交互测验、讨论交流、拓展资源查看等后端活动，实现知识技能的巩固和知识迁移。

2.混合学习教学实践反思

（1）学生自主学习支持系统持续改进存在的问题。混合学习模式的初衷是学生自主学习能力的提升。但是，由被动学习到自主学习不可能一蹴而就，从不适应、排斥到接纳直至悦纳、形成习惯，需要师生共同体长期持续努力。混合学习势必占用学生课余时间，在多门专业课程推广混合学习情况下如何实现学生低投入高产出的自主混合学习，需要站在课程群乃至专业高度进行系统设计。高校校园网设施建设升级以保证网络通畅等基础设置保障问题和软件持续改进、优化师生体验也非常必要。

（2）首课设计至关重要。引人入胜的首课设计能够激发学生的学习热情，首课师生约法三章是课程自主学习有效进行的良好起点，值得重视。首课最好在开学前提前启动，师生通过在线互动初步了解课程，引导学生加入课程云班课或微信群，建立学生对课程的期望。通过讲解课程与专业目标的关系，介绍课程地位、知识结构、学习方法。通过有趣的首课活动帮助学生了解学习流程、资源使用、测试、考查的方法，对学生课程学习节奏和学习纪律提出要求。

（3）教改的顶层规划与激励机制问题。使用移动教学平台进行混合学习设计是一种良好的教学模式，有效地促进了学生的自主学习，值得不断探索、持续改进、广泛推广。但是，混合学习模式对教师信息化教学设计能力提出了新的挑战，需要校方面向教师群体进行全面规划与系统化培训。另外，教师为混合学习在教学设计、资源建设、学习活动设计与在线互动、评价等方面额外需要付出相当大的精力。尤其在目前"重科研轻教学"氛围下，需要高校教学管理部门对教师工作量进行适当认定、补偿、激励，否则，促进学生自主学习，实现教育产出成果持续优化仍是一句空话。

以上从自主学习和混合学习理念出发，针对当前地方院校工程类专业教学中存在的突出问题，利用"互联网+"条件下智能信息化技术的发展成果和免费的第三方移动教学平台软件，进行了促进学生自主学习的混合学习教学实践，通过不断改进、优化教学设计，细化学习活动设计，取得了良好的实践效果。新形势下高校学生自主学习能力的提高是一个综合性的难题，一线教师的积极探索和持续改进不可或缺，社会及高校上下持续的制度促进和努力更为必要。

四、基于 SPOC 的混合学习设计

混合学习（Blended Learning）是网络学习（E-Learning）的发展进入低潮后，人们对纯技术环境进行反思后提出的一种学习理念。它将面对面的课堂教学、在线学习、自定步调学习的优势结合起来，采用多种传递模式来优化学习产出，达到最佳教学效果，为高校教学改革提供了一种思路。而 SPOC 作为从 MOOC 衍生出来的一种开放课程形式，其小众化和限制性准入的特点及完备的课程模式和平台设计则为混合学习的实现提供了足够的支持，提高了混合学习的效果。本节将研究分析 SPOC 下混合学习设计的优势，并应用于教学实践。

（一）基于 SPOC 的混合学习

1. 混合学习

对于混合学习，诸多学者都提出过自己的看法。辛格和里德（Singh, Reed）认为，混合学习是"在'适当的'时间，通过应用'适当的'学习技术与'适当的'学习风格相契合，对'适当的'学习者传递'适当的'能力，从而取得最优化的学习效果的学习方式"。[①] 德里斯科尔（Driscoll）认为，混合学习意味着学习过程是基于 Web 技术的混合，是多种教学方式和教学技术（或者非教学技术）的结合，是多种形式的教学技术与面对面的教学培训方式的结合，是教学技术与具体的工作任务的结合。何克抗教授是国内最早提出这个概念的专家，他认为混合学习是把传统学习方式的优势和网络学习的优势结合起来的学习模式，既发挥教师引导、启发、监控教学过程的主导作用，又充分体现学生学习过程的主体性、积极性和创造性。所以说混合学习强调最优学习效

---

① 伊凡·辛格：《抽象凸分析》，哈尔滨工业大学出版社 2020 年版。

果目标下多种学习通道的结合，强调教师主导和学生主体地位的结合。

2. 基于 SPOC 的混合学习

SPOC（Small Private Online Course）即小规模私人在线课程，它基于优秀的网络教学平台，具有种类多样的学习资源、高效精准的测验形式和多种沟通方式，这使得其与混合学习的结合顺理成章。基于 SPOC 的混合学习优势如下：

丰富学习通道，为混合学习的开展奠定基础。SPOC 平台将学生的学习从课堂扩展到网络，同时集聚各类教学资源，可以是微视频，也可以是动画、PPT、教案等其他形式。除此以外，SPOC 还提供了多种习题形式和测试功能。这些功能为混合学习的开展奠定了基础。

具备完善的课程管理功能，有利于提高混合学习质量。首先，SPOC 对学生采用注册学习的方式，限制学生人数，有利于教师管理。其次，在教学组织上可以按自然班，也可以根据学生基础重新分班，便于开展分层教学。再次，SPOC 平台具有强大的数据处理和统计功能，教师通过对统计结果的查询和处理，可以了解学生的参与情况及课后作业（测试）情况，并据此规范学生的学习活动，调整课堂教学的内容和进度，对有困难的同学开展精准帮扶，提高教学质量。

拓宽交互渠道，使师生、生生之间的交互更为深刻和广泛。师生、生生之间的交互包括线上和线下两种。线上交互可以随时提出问题，但是回答以文字形式居多，常有意犹未尽的感觉，且不能保证及时反馈，这样会导致提问者兴趣下降。线下的面对面交流，对问题的讨论比较充分，但是受时间和地点的限制。基于 SPOC 的混合学习综合两种交互途径，取长补短，师生双方可根据问题的特点，选择恰当的交互方式，既能保证学生保持饱满的学习热情，又能使交流活动充分深入。

教师的主导性和学生的主体性体现得更为充分。对于教师，通过对平台统计数据的分析，可以调整课程进度，改善资源质量，对数据异常的学生及时给予个别指导，发挥主导作用。同时，在 SPOC 平台的支持下，教师可以创新课堂教学方法，从知识的传授者转化为学生学习的引导者。对于学生，可以根据自己的偏好、习惯和学习基础，选择恰当的资源内容和形式，在合适的时间主动学习，体现出学生是学习的主体。

（二）基于 SPOC 的混合学习设计案例

在黄荣怀教授提出的混合学习设计框架的基础上，本研究将基于 SPOC 的混合学习设计分成前端分析和总体设计、详细设计、教学评价设计等三个部分，并应用于"Access 程序设计"课程。

1. 前端分析和总体设计

本阶段的任务是通过对教学对象、教学内容和教学环境进行分析，制定教学策略，形成总体设计报告。

"Access 程序设计"是一门面向大一学生开设的计算机基础课程。由于是新生，大多数同学都能服从教师的管理。但是由于生源问题，学生计算机水平参差不齐，学习能力、自我约束能力都不是很强。因此，一刀切地实施翻转课堂模式显然不可行。通过具体分析学生的知识结构、认知特点及教学内容，教师设计了三种学习策略，对于简单的记忆性的内容，采用 SPOC+ 课堂测试的模式，由学生线上自学后在课堂上集中完成测试，以节省学时，提高效率；对于难度不大的内容，采用 SPOC+ 翻转课堂的模式，在课前线上学习的基础上，组织课堂讨论，解决难点问题；对难度较大、难理解的内容，采用 SPOC+ 课堂教学的模式，在线上预习的基础上，通过课堂上面对面讲解和讨论，帮助学生理解和掌握教学内容，保证教学效果。

2. 详细设计

详细设计是指根据教学单元的混合学习策略，进行学习活动设计和资源设计。

一般而言，混合学习活动设计分为课前、课中和课后三个部分。课前活动多为基于 SPOC 平台的自主学习，学生通过平台了解本单元的学习目标，完成学（预）习任务及测试；课中活动多为基于课堂的教学活动，可以是讲授、组织讨论、成果展示等形式，引导学生完成知识的内化和迁移；课后活动包括作业、拓展阅读、小设计等，可以基于SPOC平台，也可以基于面对面的线下交流，以巩固学习成果，扩充教学内容。混合学习的资源可以来自MOOC提供的精品资源，也可以改编和自制。资源内容包括课程简介、教学大纲、每章知识要点、章节习题和测试及相关课件，形式包括文字、视频、PPT等。

3. 教学评价设计

基于SPOC的混合学习包含了线上、线下的多种学习形式，很难使用某种单一的评价方式，因此，在本研究中采用多种评价综合的方法，评价的主体不仅有老师，也有学生。具体而言，总成绩由平时成绩、过程化考核、期末成绩三部分组成，其中，期末考试全校统考，线下完成；过程化考核由任课老师组织，基于SPOC平台完成；平时成绩中，线上、线下的作业完成情况和表现各占50%。

相比传统教学模式，基于SPOC的混合学习综合了线上学习和线下学习的优势，拓宽了学习通道，改变了传统教学方式对学习时间和空间的限制，使学生能够随时学、随地学、反复学，真正实现了辛格和里德所提出的"恰当"的学习。

第三节　翻转课堂教学设计实践

在教育信息化的今天，信息技术已逐渐应用于各科教学之中。翻转课堂对传统课堂进行了颠覆，为教育教学工作注入新的活力。翻转课堂充分利用了丰富的信息化资源，使学生成为教学过程中的主体。翻转课堂运用于各学科教学之中，推动了教学的改革和创新。

一、翻转课堂翻转了什么

（一）教学形式的翻转

翻转课堂不同于传统的教学形式，是对课程新的探讨，是教学的一种新的方式。传统的课堂是"先授后学"。学生在完成作业的过程中，会遇到许多问题得不到有效解决，这样问题就积累下来，第二天，教师又会讲授新的知识，学生的问题得不到有效的解决，于是，问题积累越来越多，学生与学生之间的差距越来越大，学生的积极性逐渐下降，课堂效率不高。而翻转课堂对教学形式的翻转，提高了教学效率，适应学生学习的需要，推动了学习者由灌输式学习向独立性学习的转变。

（二）教学流程的翻转

翻转课堂教学的出发点和落脚点都是学生，是对学生学习方式进行翻转，使学生由原来的"碎片化"学习向"整体化"学习转变。

传统的学习方式是学生按照教师所讲授知识的逻辑顺序进行学习，不利于学生自身学习的认识。而翻转课堂改变了学生的学习方式，学生不再局限于教师安排的"碎片化"的学习，而是根据自己的需要，开始"整体化"的学习。

（三）师生角色的翻转

翻转课堂颠倒了师生之间的角色，改变了传统课堂中师生各自所扮演的角色。教师不再在课堂中占领导地位，学生开始成为课堂的主体。课堂上，教师不需要完整地讲授教学的内容，而是通过导学案、微课程等方法帮助学生在课前进行知识的学习。

（四）教学管理的翻转

从传统教学来看，教师课上需要密切注视学生的动向。而翻转课堂翻转了课堂的教学管理方式，老师不需要像传统的教学一样，对学生在课堂上的表现进行严格要求，学生可以积极地互动交流来解决教学中的问题，提高课堂效果。

二、翻转课堂的有效环境

（一）专业的师资

学生在翻转课堂学习中所利用的学习资源都是由专业教师制作完成的。翻转课堂的教学中，教师需要在上课前整理学生课前学习中遇到的问题，根据这些问题及时对教学方案进行调整以保持教学的有效性。课上，教师对学生的薄弱环节进行系统的解答，提高了课堂的效率。在教学中，专业教师在教学过程中承担着更多的责任。

（二）配套的设备

学习交流平台、移动设备、无线网络环境是实施翻转课堂的基础。教室环境和虚拟学习环境是保证翻转课堂顺利展开的重要一环。当前教学中，各种网络化的项目为翻转课堂的实施提供了良好的环境。

（三）优质的微视频

在翻转课堂的教学实践中，运用最多的教学形式是微视频。微视频能帮助学生高效地完成课前知识的吸收和内化，启发学生的学习兴趣。因此，如何设计教学中的微视频，使微视频能够清晰明确地向学生传递学习的知识点，是有效实施翻转课堂的关键。如今，微视频的制作技术已经有了很大的突破，但是，翻转课堂教学设计中微视频的制作仍是当前教学教师关注的重点。优质微视频的制作，需要在制作时详细了解课程的内容，再将这些内容进行细化，进行微视频的开发。同时，优质的微视频还充分传递了教师的教学设计。

（四）课堂活动的设计

如何进行课堂教学活动的设计是翻转课堂教学能否顺利实施的关键。不管是在什么样的学习情境中，课堂的教学活动都是教师为提高教学效率、根据学生在课前的自学情况进行的提前针对性的设计。

三、翻转课堂教学设计

（一）翻转课堂教学设计的原则

翻转课堂作为一种新兴的教学模式，是对传统课堂的一种延伸与发展，是对传统的教学方式的颠覆。笔者在深刻理解翻转课堂概念和内涵的基础上，结合教育信息化的发展，总结了翻转课堂的教学设计要遵循的几个原则：

1. 以学生为主原则

学习者是教学的主体，要根据学习者的学习特点进行教学设计，教师并不是直接向学生传递知识，而是引导学生去独立思考和完成学习任务。翻转课堂教学要想充分体现学生学习的主体性和培养学生学习的自主性，就要充分考虑学习者的需要。

2. 情境性原则

学习是总是处于一定的情境中的，翻转课堂的教学设计要遵循情境性原则。教师通过创设情境来激发学习者的学习兴趣，才能更好地完成知识的传递和吸收。学生利用各种工具和学习资源来完成自己所处在各教学环境中的教学目标。翻转课堂要为学生创造多种机会，让他们在不同情境中学习知识。

3. 协作性原则

翻转课堂教学设计要遵循协作性原则。翻转课堂教学是学生在教师的组织下，课前自主学习知识，课上讨论交流。这种教学模式使学生在学习过程中，不断地与周围的人进行合作协商，达到知识的共享和提升。学习者学习的知识相互共享，完成知识的意义构建。

4. 有效性原则

翻转课堂教学是通过学生与教师、学生与学生之间交流互动来进行的。学生和教师、学生和学生之间的交流互动不是简单的信息交流，而是教师利用教学平台确定学生的学习情况，定位教师在交流互动中所扮演的角色，促进学生与教师、学生与学生之间交流的有效性。

5. 利用各种信息资源支持"学"原则

翻转课堂教学有各种教学资源，这些教学资源并不是用来辅助教师在课堂上进行讲解和演示的，而是用来帮助学生自主在课前进行知识的学习的。在翻转课堂教学设计中，为保证课堂教学的有效性，我们应充分有效地利用这些信息资源来支持学生学习的有效探索。

（二）翻转课堂教学设计的方法

翻转课堂教学要想实现科学化、系统化、最优化，就要做好课堂教学设计工作。教学设计是否合理关系着翻转课堂能否有效地支持教育教学工作。如何对翻转课堂进行教学设计、运用什么样的方法进行翻转课堂的教学设计是我们需要研究的问题。

翻转课堂教学设计方法的选择是从"为什么学"开始入手，发现学生的学习需要和学习动机。根据教师的教学目标，明确教学过程中的三维目标，确定学生要"学什么"；根据学生的学习目标使学生掌握学习知识所应用的策略，明确"如何学"；最后，根据学生的学习情况对学习结果进行评价，及时对教学环节进行修改，保证教学的有效性。

（三）翻转课堂的教学设计步骤与内容

课前知识的获取和课堂知识的内化是翻转课堂进行教学设计的两个部分。整体化教育的思想是翻转课堂教学设计中很重要的一种思想。在翻转课堂教学设计中，先设计什么，后设计什么，怎样才能保证教学效果最好，都是我们需要考虑的问题。下面分别从课前、课中和课后三个阶段对翻转课堂进行教学设计。

1. 课前设计

翻转课堂进行教学设计要有整体化的教学思想。整体化的教学思想不只是教师如何进行知识的传递，还要考虑其他方面的因素。课前设计应做的是：学习者特征分析、教学目标分析、教学内容设计、学习环境设计、课前任务设计、教学支撑设计。

（1）学习者特征分析。学生是翻转课堂教学中学习活动的执行者。促进学习者学习是教学设计的目的。在翻转课堂教学设计中，设计出符合学习者学习特点的个性化课堂，必须要充分考虑学习者的哪些因素和特征会影响学习的过程和结果。教师依据学生的认知水平、学习习惯、学习兴趣、学习需求等方面来设计相关的微视频、课件、探究性任务等教学资源，实现以学生的个性化为中心的学习。

（2）教学目标分析。教学目标是教学活动的出发点和归宿，教学目标要包含知识技能、过程与方法、情感态度价值观三方面的内容。教学目标设计是否合理直接关系着教学过程中教师的教和学生的学。教师可以把知识的学习分成知识、领会、应用、分析、综合、评价六个过程。采用布鲁姆教学目标分类法去设计教学目标，教学目标设计由小到大、由简单到复杂，一步步地完成特定目标。根据结构性的特点，教学目标在设计时，要注意细化和分层。

（3）教学内容设计。教学内容的选定是根据学习者的学习需要来制定的。教师创设一定的教学情境引导学生学习，启发学生思考，培养学生的学习能力。教师在对学习者特征和教学目标进行分析后，明确学习者学习的需要，然后对教学内容进行设计。教学内容的设计是以提高学生的学习能力为前提的。在翻转课堂中，教学内容的明确有利于促进学习者更好地进行课前自主学习和课堂互动。

（4）学习环境设计。翻转课堂教学中学生学习知识的获取都是在课前自主学习的过程中完成的。因此，为保证学生顺利地完成课前知识的获取，必须对学生自主学习的环境进行教学设计。对学生的自主学习环境进行设计要满足以下几点：为学生的无缝学习提供保障，使学生在任何时间、任何地点都可以通过移动终端来进行知识的获取。支持学生与其他学习者、教师之间无缝的沟通交流，学生可以通过互联网学习平台与教师、其他学习者随时展开互动交流。满足学生个性化学习的需要，根据不同学习者的学习习惯，设计不同的学习资源。

（5）课前任务设计。了解学习者学习的特点是设计课前任务的前提。课前教学任务的设计是为了鼓励学生去想象、合作和探索。学习者在完成课前任务的过程中实现知识的获取和自我检测。

（6）教学支撑设计。教师在对学习者、学习内容、教学目标、教学环境、课前任务等进行分析后，开始对教学支撑进行设计。

微视频是针对某个知识点而精心制作开发的一种情境化、可视化的数字化学习资源包，是翻转课堂教学的主要支持形式。微视频的制作要遵循三个原则：针对性、碎片化、整体性。教师可以利用不同的方式制作微视频。微视频制作好后，教师将微视频上传到教育平台共享。学习者在充分了解教学目标和学习内容的基础上，根据自己学习的需要，自主下载微视频进行学习。

学生学习的"三维目标"是导学案设计的出发点和落脚点。教师制作的导学案要在学生自主学习之前发放给学生，学生根据导学案的要求完成对微视频的学习和对自己学习成果的检验。教师对导学案进行设计要保证导学案有发、有收、有评。

2. 课中设计

课中设计是根据学习者课前学习的效果进行设计。教师在课前以教学目标为依据，设计课前任务，运用一定的教学手段对学习者课前的学习情况进行检测和评价，了解其知识的掌握程度。

（1）确定问题。课堂上，问题的探究和解决是翻转课堂教学的中心。教师根据学生在课前自主学习的情况对问题进行确定，学生根据课前自主学习微视频和完成导学案的情况，发现自己在学习过程中存在的问题并记录下来，在课堂上提出疑问。

（2）独立探索。课堂不是简单的知识传递的场所。在翻转课堂教学中，教师应给出不同难度的问题和任务，让学生根据自身的学习水平和学习兴趣自主选择探究问题进行独立解决。学生在独立解决探究问题的过程中，有效地构建了自身的学习体系，培养自身创新和独立思考的能力。

（3）合作探究。翻转课堂教学中，教师对学习者进行教学，引导学生进行合作探究。翻转课堂教学可以将学生分为不同的学习小组。在小组内的每个成员相互帮助，取长补短。教师对各小组探究过程中遇到的问题进行个性化的指导。学生在合作探究解决问题的过程中，锻炼了自己与他人交往的能力，培养了团队精神。

（4）成果交流。学生在独立探究解决问题、小组合作探索活动后，与同学进行成果共享。

（5）反馈评价。翻转课堂教学设计课中设计的最后一环是反馈评价。学生在课堂上，把自己在学习过程中遇到的问题及时反馈给教师，教师根据学生的反馈，及时对课程进行调整。教师针对学生的学习过程和学习结果进行综合性评价，来检测翻转课堂教学设计的有效性。同时，依据学生反馈的学习情况，针对学生学习中存在的问题，布置课后任务。

3. 课后设计

课后设计是为了提高教学成果和学生的学习绩效，对课前的教学设计和课中的教学结果进行的综合性评价。课后教师对自己的教学过程进行反思：在教学过程中是否激发了学生的学习兴趣；是否达到了教学目标；是否培养了学生的团队合作意识和自主学习的能力。学生课后积极地完成教师布置的课后任务，并将完成课后任务的结果通过教学平台及时地反馈给教师。教师通过教学平台了解学生对课后任务的完成情况，为下节翻转课堂的教学设计奠定基础。教师和学生课后通过教学平台进行交流，发现教师在教和学生在学过程中存在的问题，教师和学生针对这些问题及时改正，促进教师和学生共同发展。

翻转课堂是对传统课堂的一种颠覆性教学模式，本研究在深入分析翻转课堂内涵的基础上，细化教学设计的流程，提出了翻转课堂教学设计步骤和内容。通过研究，笔者认为，翻转课堂正逐步向着本土化、多学科交叉化等方向发展。希望本节对翻转课堂教学设计的研究探索，能为我国翻转课堂的研究和应用提供借鉴。

第四节　远程教育教学设计实践

　　远程教育起初在函授教育中得到了普遍的运用，其主要教学媒介是网络邮件，这些邮件往往是阅读性质的。随着广播和电视媒体技术的发展，远程教育开始转向用视频录制和直播的方式进行电视广播教学。如今，互联网环境下的远程教育开始自由化，尤其是移动互联网的发展，让远程教育的普及范围无限扩大。

一、现代远程教育的优势和发展趋势分析

　　相较于传统的面授式教育，远程教育的优势非常明显。首先，互联网的素材较为丰富，远程教育在互联网环境下，能够随时随地通过链接来展示教学素材，丰富多彩的视听资料能有效提高教学效率，并且这些素材可以通过云网络实时共享。其次，现代远程教育分为在线教育和离线教育两种，在时间和空间上，学生具有自主选择性，尤其适合在校学生课后补习和上班族空闲时间进行"充电"，同时，远程教育是所有教学模式中成本最低的，不需要非常严格的教学场地和教学设施，而且不妨碍学生及时提问，即使存在一定的设备维护和损失费用，但长远下去，无疑是非常划算的。最后，远程教育存在广域的竞争性，因为不同的老师花费不同的心血，而选择权却在学生手里，所以，远程教育机构要想争得客户群体，必然会认真研究具有吸引力的教学方法来面对优胜劣汰的市场环境，这对于学生而言是有利的。相比于局限在某所学校里，远程教育的师资水平往往是久经考验的。

　　随着我国整体教育水平的提升，社会各行各业都存在激烈的知识竞争，终身学习和全民学习的理念早已深入人心。对于已经脱离学校或终究要脱离学校的全体大众来说，远程教育是扩充自身知识储备、提高实践技能的有效途径。目前，各大门户网站的教育栏目也流量巨大，充分说明了现代远程教育具有长

远的发展潜力，未来的远程教学课程也将在教学设计上精益求精，以吸引长期稳定的互联网客户。

二、远程教育模式中教学设计的一般步骤方法探讨

课程开发是远程教育教学设计的第一步，从目前我国的远程教育现状来看，较多地集中在应试教育和通识教育两个方面。应试教育主要表现在一些中小学网校，教师通过在线辅导，达到远程教育的目的；通识教育主要表现在一些演讲口才教学、职业素养培训和文化艺术交流等方面的公开课。这两种远程教育方向都收到了一定的成效，但从创新的角度来看，新课程开发是目前远程教育中极具发展潜力的。各行各业的知识和信息都是海量的，在互联网环境下，远程课程教学必须严禁"雷同"，才能达到吸引学生、开展系列课程的目的。如果教师对某一行业具备教学水平和教学资格，那么在具体的教学设计上，应该分为三部分，即宏观、中观和微观。具体在教学设计上侧重哪一部分，要根据实际教学群体和教学目的而定。宏观教学主要是解决一些整体的框架理论结构和概念，所以，在教学设计上，应该旁征博引，体现各知识模块的联系和区别。中观教学主要需要通过大量的案例来初步探讨某知识点的原理和运用方法。而微观教学则偏向于专业人士之间的讨论和交流，往往伴随着具体的计算和理论证明，并附有权威详细的数据支撑。

对于已开发的远程教育课程，在教学设计上，需要循序渐进地推动课程的深入安排，并且能够得到相对稳定的群体关注。所以，动态性、稳定性、可操作性和系统性是教学设计的主要思考方向。动态性表示教学设计要做到逐步深入，比如文科历史类远程教学，可以根据历史进程为主线，进行动态教学，让每一节课都有新知识和新想法。而稳定性则要求在每节课的教学设计中，保证稳定的兴趣点和课堂氛围，也就是说不能把所有趣味素材都集中在某一节课上，或者在某一节课上花大量精力，而其余课程则敷衍了事。可操作性表示课程教学中，对每节课的教学内容有整体的把握。比如，这一节课有知识点没有讲完

或者时间不够，下节课能够通过加快进度予以弥补，从而保证课堂时间的一致性，不然，提前结束教学或者拖堂都会引起学生的厌倦。最后的系统性表示一系列课程下来，能够让学生对所学习的内容有明显的整体把握，最好是教师在系列课程结束阶段对整个系列的内容专门花一节课进行总结和回顾，以达到统筹兼顾的目的。

三、现阶段远程教育面临的一些问题和对策研究

现代远程教育的发展已经初具规模，但要想得到长久的发展，及时总结当前阶段的问题很有必要。目前的远程教育课程在互动上有明显的不足，一方面，在线人数过多，教师没有足够的时间进行一对一解答。另一方面，部分教师职业责任感缺失，笔者认为设置互动专线能够有效解决这类问题。互动专线分为在线互动和电话咨询两种方式，在线互动是在课程结束后，教师增加一定单位时间进行在线答疑。顾名思义，电话咨询就是通过电话进行沟通，另外，可采用安排适量教师旁听，课上课后协助互动来解决一对一的时间不足问题。

另外，有很多学生反映，远程教育为了迎合大众文化水平，往往存在课堂内容较广泛的现象，笔者认为这类反馈值得深究。远程教育要想达到传统教育的水平，课堂内容必须具备一定的专业性。至于部分学生因为文化水平有限而不能高效掌握，可通过分难度级别教学来解决。尽管过程有些烦琐，但"以人为本，因材施教"的教学理念，无论何时何地都不能忽视。

综上所述，远程教育在具备诸多优势的同时，对教学设计的深入研究是不容忽视的，否则这些优势将显得华而不实，从而降低了在线学习者对远程教育的信心和兴趣。总而言之，教学设计是一门艺术，需要广大一线远程教学工作者怀揣着对教育事业的热爱和责任心去精心雕琢。

第五节　信息技术与课程融合

随着教育现代化的发展，以多媒体和互联网为代表的信息技术正以惊人的速度改变着人们的生活和学习方式。为了适应信息化日新月异的发展趋势，2001 年教育部颁布的《基础教育课程改革纲要》明确提出："要大力推进现代教育技术在教学过程中的普遍应用，促进信息技术与学科课程的融合，逐步实现教学内容的呈现方式、学生的学习方式、教师的教学方式和师生互动方式的变革，充分发挥信息技术的优势，为学生的学习和发展提供丰富多彩的教育环境和有力的学习工具。"鉴于此，全国各地学校信息技术设施不断完善，教育信息化已经由普及发展迈入精细发展阶段，信息技术与课程融合从最初的计算机学科教学到多媒体辅助教学再到现在的电子白板互动课堂，信息技术的应用日趋成熟并成为当前热门的教学方式，促使教育教学发生了巨大变化。

一、信息技术与课程融合的内涵

在基础教育课程改革的新形势下，信息技术不仅被看作是教师教的工具、学生学的工具，同时也是教学环境的构建工具，更是学生获得知识与技能及情感发展的工具。可见，信息技术与课程的融合是学科教育发展的必然趋势。具体地说，融合是指在学科教学中广泛应用信息技术手段，为课堂教学提供各类资源，创设适宜的教学环境，构建和谐、互动、高效的课堂。融合的目的就是通过学科课程把信息技术与学科教学有机地结合起来，将技术作为一种工具，提高教与学的效率，改善教与学的效果。目前，随着信息技术辅助教学手段和方式的普及，各地区和学校都在积极探索信息技术与课程融合的途径和方法。简而言之，信息技术与学科融合就是在新课程理念的指导下，以学科知识为载体，把现代信息技术作为师生认知工具和手段渗透到学科教学中去，从而有效地促进传统教学观念和教学方式的根本性变革，持续改善学生的学习方式，改善学习资源和学习环境，以便更好地实现培养学生创新精神与实践能力的课程目标。

二、信息技术在教学中的优势

（一）信息资源丰富多样

信息技术和互联网技术的飞速发展，为学生的学习提供了丰富多样的学习资源。充分利用信息技术辅助教学可以有效激发学生的学习兴趣，让学生通过多种感官参与学习、获取知识，拓展他们的认知和经验。

（二）信息传播速度快、处理高效

网络资源具有共享性、容量大、传播速度快、形式多样等特点，各类信息处理起来自动高效。教师和学生可以充分利用这些特征，在网络中更加方便地查阅、加工、使用各种信息，这有利于提高教学活动和学习活动的效果和效率，同时也为学生的自主、合作、交流学习提供了更多自由选择的机会。

（三）课堂交互性、合作性强

网络通信技术的发展为教育提供了信息共享与交流的有效方式，基于计算机的数字媒体具有很强的动态交互性，可以实现一对一的交流，也可以实现一对多或者多对多同时参与的交互。这样大大促进了学生、教师、家长之间的沟通交流，同时也有利于学生间进行合作学习。

三、信息技术与课程融合中存在的问题

教学中，教师可以根据课标要求、教学目的和教学内容，利用信息技术创设形象逼真、让学生身临其境的教学环境和生动活泼、利于学生交流互动的教学氛围。但在具体的教学实践中，信息技术与课程融合过程中的一些问题也日渐暴露出来。信息技术与课程深度融合存在的误区，主要是对融合的深度认识不足，以至于在教学实践中，信息技术对课堂教学的促进作用不能充分展现。

比如有些教师虽然有意识地将多媒体技术及一些学习系统平台应用于实际教学中，但对信息技术环境下教学活动各要素缺乏系统的科学性整合，最终书本知识被原汁原味地演绎成所谓的多媒体课件，这种融合观指导下的课堂实效可想而知。学生的学习方式、教师的教学方式、师生交流互动的方式和教学内容等并无大的改进。这些问题的存在，使得信息技术辅助教学的优势并未真正发挥出来。

（一）教学中信息技术喧宾夺主

在大量的课程调查中发现，许多教师仅仅把信息技术作为教师讲解知识及演示实验的工具，课堂成为视频、动画、图片等素材堆砌起来的展示课，信息技术设备沦为多媒体播放器。学生看得多，真正参与课堂学习的时间很少，学生的主体性没有得到充分发挥，只是被动地接受大量信息，记忆式地学习知识，在课堂上真正入脑入心的收获少之又少。课堂教学应该是以学生为主体、教师为主导的教与学的互动过程，而在实际教学中，未能充分发挥信息技术的作用，课堂教学仅仅是多媒体和白板的简单叠加，教师沦为机器展示操作员和课件讲解员，这样表面看似信息化的课堂，实则非常传统。课堂失去了活力，学生被动地接受学习内容。教师形象的肢体语言、示范性的课堂板书演示、实验的操作技巧、教具的创新使用等传统教学方式的优势全部消失得无影无踪，教师的教学毫无感染力，学生学习效率低下。

（二）一味追求华丽的课件设计

有些教师为了活跃课堂气氛、吸引学生的注意力，将各种教学资源叠加在课件中，将教学课件设计得十分花哨。殊不知，太过华丽的课件设计反而会分散学生的注意力。有些教师过分追求大容量、高效率的课堂节奏，甚至连一些必须由教师板书示范的解题过程等内容也用课件播放的形式代替，导致学生课堂上一看就会，课后练习训练和试题测验一做就错。

（三）无视信息技术的强大功能

以交互式电子白板为代表的信息技术，以其强大的功能和显著的使用效果深受广大师生喜爱，然而一些年龄偏大的教师由于教育理念的落后、缺乏必要的培训，仅仅把它当作播放课件的工具来使用，未能充分发挥其特有的交互功能，没有把"教学活动是师生积极参与、交往互动、共同发展的过程"的主要理念落到实处。

（四）缺乏信息技术教学实施策略

（1）由于认识上的误区、制作及操作技术不过关、使用不合理等原因，有些教师甚至直接把网络上的课件用在自己的课堂教学中，没有根据教学目标、教学内容和学生实际学情做必要的预设和改进，没有充分发挥信息技术与学科课程融合的作用和优势，自然没有收到应有的教学效果。

（2）信息技术的应用使得教学节奏和进度加快。部分教师唯恐课堂内容过于单薄，故将很多教学资源都纳入课程设计中，以期让学生在短短的40分钟内全盘接受。殊不知，过于复杂的教学设计，反而会剥夺学生记忆、想象、思考、理解的时间与空间，扼杀学生的想象力与创新思维，不利于学生各方面的发展。

五、信息技术与课程融合的对策

融合的目的是为了优化教学方法，以便更好地完成教学目标。下面，笔者根据自己的教学实践，谈谈对信息技术与课程融合的认识。

（一）信息技术与课程融合要更新理念

在教学实践中，信息技术与课程融合之所以出现偏离教学目标的现象，就是因为教师的教学理念、教学思想没有紧跟时代步伐，没有针对新课改的要求树立"以生为本"的教育理念，仅仅把现代信息技术作为教师讲解演示的工具，课堂中没有充分留给学生动手、动脑的实践机会，学生的主体性没有得到充分激发，这实质上仍然是一种"换汤不换药"的注入式教学。因此，更新教师的教学理念和教学思想，远胜于实现教育技术手段的现代化。

在课堂教学中，我们要把信息技术作为优化情境创设的工具、开拓学生创新思维的工具和帮助学生自主探究的工具，让学生在喜闻乐见的多元化学习中学有所得。

（二）信息技术与常规教学手段要互补

信息技术的强大功能确实有其优越性，但它只是实施教学的一个重要方面，并不是唯一的，其他常规教学辅助手段的许多特色功能也不容忽视。信息技术教学手段要与传统的教学手段有机融合，使信息技术教学真正成为提供优质的教育资源、促进学生发展的有效手段。

在实际教学中，教师应根据教学需要选择合适的教学辅助方式，使各种教学手段优势互补，有针对性地选择、使用信息技术，充分发挥其优势，克服其带来的不利影响。只有正确地权衡利弊，才能使信息技术更好地服务于教育教学，提高课堂教学效果。

（三）信息技术与课程融合要加强教师培训

信息的获取、分析、处理、应用等能力已成为教师所必须具备的基本能力和职业素养。因此，在信息技术与课程融合中要加强教师培训。培训主要包括以下两方面内容：一是使用信息技术教学的新课程理念培训。二是使用信息技术教学的操作技能培训。通过培训使一线教师适应现代化的教育思想、教学理念，树立使用现代信息技术有效辅助教学的意识，熟练掌握现代化的教学方法和教学手段，能够运用信息工具对教学资源进行有效的收集、加工、集成、融合、运用，从而不断优化教学结构，提高课堂教学效益。

（四）信息技术与课程融合要讲究策略

现代信息技术能够创造出图、文、声、色并茂的教学环境，可以把刺激学生多种感官参与学习的各种媒介组合起来，为教师的教学提供形象直观的教学手段，营造有利于学生学习的信息化学习氛围。合理地运用现代信息技术辅助教学，使之与课堂教学有机融合，能够有效突出教学重点、突破教学难点，使抽象的问题具体化、枯燥的问题趣味化、复杂的问题简单化，加深学生对教学内容的理解。学生在课堂中与师生交流互动，学习起来入脑入心，极大地提高了课堂教学效率。

面对不可逆转的技术发展和时代变化，教与学正在信息技术的参与下重新磨合。我们既需要信息技术带来的活力与生机，又必须准确把握其使用分寸。在全面了解信息技术与学科融合优势的基础上，提升教师对信息技术的理解和应用能力，在保持传统课堂教学特质的基础上，实现突破与创新。

第七章　卓越绩效模式下学校教学质量管理

第一节　教育教学质量管理体系概念、特点与动力机制

当今世界正经历百年未有之大变局，国际形势发生巨大转变，国内发展环境也在快速地发生变化。随着我国正式进入"十四五"时期，全面建设社会主义现代化国家新征程和新发展阶段带来的战略产业转型升级的压力，迫切要求更多高素质技术技能型劳动者的供给，这对职业教育和学校人才培养质量提出了更高的要求。

职业教育作为我国教育的一个重要组成部分，要主动地将发展模式从规模发展转到质量发展上来，要不断加强质量管理，提高教育教学质量和人才培养质量，为国家和社会经济发展、产业转型升级、国际产业竞争提供更多更优秀的技术技能型人才。因此，导入卓越绩效管理模式，构建卓越绩效模式下教育教学质量管理新体系，改革学校教育教学管理弊端，是学校和职业教育高质量发展、服务国家"十四五"新发展阶段的必然要求。

一、构建学校教育教学质量管理体系的原因

（一）学校生源问题

长期以来，我国的学校无论是高等学校、中等学校还是技工学校，在招生的时候只能在普通高级中学或者普通高校招生完毕后再开始招生。即使从2018年开始国家开展了职业本科试点，新增了一批职业本科学校，学校生源质量差

的固有缺陷仍旧普遍存在。学校招生困难、生源素质差给学校教育教学质量提升、学生管理和人才培养带来了巨大的挑战。学校一方面要满足国家和社会提高职业教育教学质量的新需求，另一方面又要面对生源质量偏差的客观实际，因而构建学校教育教学质量管理体系是解决这个矛盾的最优方案。

（二）学校办学质量问题

虽然近年来职业教育的重要性逐渐得到了国家和社会的认可，国家对学校办学发展的支持力度也有所增加，但是长期以来教育投入偏向普通学校尤其是普通高校，忽视学校投入的累积效应的问题仍旧普遍存在。因为教育教学的职业性特点，学校在教育资源需求和师资队伍要求上比普通学校高，但是在投入上却比普通学校要低，再加上近两年响应国家关于职业教育扩招的号召，学校开展了大规模扩招，造成学校师资力量普遍不足，学生平均占有的各类教学资源急速下降。由于投入和需求无法匹配，很多地方引入了一些实力不足的社会资本来兴办各类民办学校。这类新成立的民办学校办学实力不足、办学质量不高，往往具有强烈的短期投机性，出现了不少违规办学的情况，损害了学生和学校的社会声誉。因此，在当前学校办学质量和办学投入之间的矛盾无法得到快速解决的情况下，构建学校教育教学质量管理体系，从内部管理入手整合教育资源，提高资源使用效率，是学校的必然选择。

（三）学校国际交流新职能的问题

我国职业教育和学校长期以来都以服务国内产业发展为主，极少涉及对外合作领域，国际交流经验和成果远远不如普通学校丰富。随着我国国际交流合作深度和广度的扩展，尤其是在"一带一路"倡议和人类命运共同体概念提出之后，学校重视和强化国际交流合作成为职业教育发展的一大趋势。学校国际交流新职能包含两层含义：一是人才培养的国际化，要求学校不只要实现传统的从国外引进师资、教材、课程的人才培养国际化，更要探索将本校教育教学经验和成果凝练后作为一种标准参与国际人才培养标准的竞争，实现从标准追随者向标准制定者的转变。人才培养的国际化不但要求培养国内的国际化人才，也要求培养国外留学生，尤其是对"一带一路"沿线国家留学生的培养。二是社会服务的国际化，最典型的标志就是学校服务中资机构"走出去"，为走出国门到世界各地生产经营的中资企业和中资机构提供国际化的语言和技能培训服务，提升出国企业和员工的国际化水平和适应力。因此，国际交流新职能和新要求的出现，迫切要求学校改革传统的管理体制，构建新的教育教学质量管理体系，适应新发展阶段的要求。

（四）学校社会声誉的问题

学校社会声誉的问题严格来说是职业教育和学校办学质量不高的客观原因和主观原因共同组合造成的结果。首先是学校办学层次不高，目前仅有极少部分的职业本科院校试点，绝大部分的学校仍属于中等教育和高等教育的专科层次，更没有职业教育硕士和博士培养，在办学层次上远远不如普通学校尤其是普通本科院校。

其次，在人才培养标准和教育教学管理标准上，学校还在探索与改进阶段。与普通教育相比，职业教育在国内发展时间较短，对学校的人才培养标准和教育教学管理标准的研究也较少，而且这种标准也存在容易随着国家发展和国际形势变化而变化的情况，在稳定性和专业性上不如普通教育的标准。

最后，就是职业教育和学校缺乏有力的监督与评估机制。学校之间教育教学质量和人才培养质量往往差距很大，加上社会舆论对职业教育和学校或多或少都有一定程度的偏见，导致学校在社会舆论中经常以负面形象出现，影响学校的社会声誉和社会认可度。因此，学校从社会舆论角度看也必须形成构建学校教育教学质量管理体系的共识，要缩小相互之间办学水平的差距，根据卓越绩效模式形成互相学习、互相赶超的氛围，共同提升学校的社会影响力和社会地位。

（五）学校深入开展职业教育改革的问题

国务院于 2019 年 1 月印发了《国家职业教育改革实施方案》，肯定了我国职业教育在改革开放以来为社会经济发展服务的成绩，指出了职业教育和学校在体系建设、制度标准上的重要问题，要求职业教育和学校在我国进入新的发展阶段，产业转型升级和经济结构调整的大背景下，深化办学机制改革和育人机制改革，由追求规模扩张向提高质量转变。《国家职业教育改革实施方案》是国家在新发展阶段下指导职业教育和学校改革发展的重要文件，新的要求特别强调了质量发展。因此，导入卓越绩效管理模式、构建教育教学质量管理体系是学校贯彻执行国家教育方针、深入开展职业教育改革的必然选择。

二、相关概念和内涵

（一）质量的概念和内涵

提起质量的概念，传统上都会认为与产品或者服务有关。传统的定义如《辞海》就把质量定义为"产品或工作的优劣程度"，这也反映了传统质量概念的突出特点就是质量是一种结果评价。因为无论是产品还是服务，本质上都是组织在一系列制造或者经营工序后所提供的结果，这种结果可量化也可评价。

但是，随着社会的不断发展，人们对社会客观事物的观察和认识不断提高，质量的概念和内涵也在不断地得到深化。虽然社会和企业对质量的认识还是以产品质量或者服务质量为主，但是部分管理学学者和专家开始意识到质量的概念和内涵不应当被束缚在产品或者服务之内。现代质量管理之父、美国的戴明博士认为"质量散布在生产系统的所有层面"，即质量这个概念存在于生产的全过程而不仅仅存在于生产的结果中。这种认识使质量突破了传统观念的束缚，开始走向全过程的质量理念，同时，这也是卓越绩效模式的理论基础之一。

因此，结合卓越绩效模式对质量的理解，我们认为，教育教学质量管理中的质量是与传统质量定义不同的广义的质量概念，它不仅指学生培养的质量，也包括学校教育教学的质量、教育教学管理的质量，还有教育教学管理体系的质量。

学校对学生同时具有法律法规规定的人才质量培养责任以及反映学生自身需求的质量培养责任。由此可见，社会和学生个人对质量的需求并不是一成不变的，而是随着社会和学生自身发展而变化的。学校应该清楚地认识到质量内涵的相对性和变化性，时刻根据社会和学生对质量需求的变化不断改进自身教育教学和人才培养来满足社会和学生的需求。质量还必须具有可观测和可评价性，具体做法就是将质量转化为一系列可评价、可考核的指标，根据相应的评价体系开展测评和考核。

（二）教育教学质量的概念和内涵

长期以来，说到学校质量，大部分人会理解为学校的教学质量，而教学质量的突出指标就是学生的成绩。因此，在很长一段时间内，学校质量等于学校教学质量、等于学生成绩高低的观念严重束缚了各类学校对教育教学质量概念的认识。随着对教育客观规律认识的加深，人们发现，学习成绩或者说教学质量并不是学校质量的全部内容，学校质量真正应该指向的是人才培养成果，而不仅仅局限于教学成果。人才培养成果来源于人才培养目标以及人才培养过程，更多的来自于教学质量的上一层概念，即教育质量。根据《教育大辞典》的定义，教育质量是指各类学校或教育机构教育水平高低和效果优劣的程度，最终体现在人才培养质量上，衡量的标准是教育目的和各级各类学校的培养目标，前者规定受培养者的一般质量要求，亦是教育的根本质量要求。后者规定受培养者的具体质量要求，是衡量人才是否合格的质量规格。教育质量的概念本身也有两层意思：一是指整个教育系统的质量，也就是某个特定教育体系内的总体质量；二是指某个学校或者教育机构实现人才培养目标的质量。

从教育质量概念上我们可以知道，教育教学质量实际上是指教育质量和教学质量，但是两者并不是并列关系，教育质量在一定程度上应当包含教学质量，教学质量是教育质量中最重要的一个环节。

（三）学校教育教学质量管理体系的概念和内涵

由以上关于教育质量的定义可见，学校教育教学质量就是指学校教育水平高低和效果优劣的程度。其内涵具体体现在一是学校教育满足国家和社会需求的程度，即学校的人才培养目标、教学质量和教师队伍质量、管理水平等满足社会对毕业生的需求；二是学校满足学生个人需求的程度，即学校的人才培养方案、专业和课程设置、教学质量、师资队伍水平和管理水平满足学生学习、就业和持续发展的需求。与教育质量一样，学校教育教学质量也同时存在社会和学生个人的双重需求。

而学校教育教学质量管理体系的定义就是学校为了建立教育教学质量方针和教育教学质量目标，经过质量策划而将管理职责、资源管理、产品实现、测量、分析和改进等几个相互关联或相互作用的一组过程有机地组成一个整体。从学校教育教学质量管理体系的定义我们可以看出，学校的教育教学质量管理工作通过教育教学质量管理体系的运行来实现，而教育教学质量管理体系的构建和运行又是教育教学质量管理的主要任务和目的。其内涵主要有三点：一是学校教育教学质量管理体系是建立教育教学质量方针和教育教学质量目标，并为实现这些目标的一组相互关联的或相互作用的要素的集合；二是学校教育教学质量管理体系将与教育教学质量相关的各种因素，如师资队伍、管理队伍、人才培养方案、教学计划、教学过程等结合在一起构成有机的系统；三是构成学校教育教学质量管理体系的各个部分以及各个部分所采取的具体行动都应当视为学校教育教学质量管理体系的因素。

三、学校教育教学质量管理体系的基本特征

（一）教育教学质量管理的普遍存在性

从制度上来说，依法依规设立的学校都要求建立和完善自己的教育教学质量管理结构。学校作为学校系统的重要组成部分，自然也要遵循法律法规要求。因此，教育教学质量管理对学校来说也具有普遍存在性，这个普遍存在包括已经正式建立的教育教学质量管理以及在实际工作中默认的非正式教育教学质量管理。但是，教育教学质量管理普遍存在并不等于不需要进一步改进。传统的学校教育教学质量管理是粗放式、单一式的管理，既没有明确质量和绩效的实现目的，也没有形成各要素统一协作的管理体系。

（二）教育教学质量管理体系的标准性

传统教育教学质量管理的缺陷除了对质量体系化认识不足外，对质量和管理岗位的标准化认识也存在不足。在传统观念中，教育教学质量管理对质量的认识是相对模糊的，它既不能被量化观测，也不能形成标准，更无法通过实际质量观测值和质量标准对比来明确判断教育教学质量管理的达成情况。卓越绩效模式下的教育教学质量管理体系认为，质量的标准化和标准性是现代教育教学质量管理体系的核心，质量的标准化内容反映了学校教育教学的特点，是对学校教育教学过程各个环节质量的量化反映，有助于全体教职工对教育教学质量的观测和理解。标准化的质量指标可以规范和量化学校各项办学行为和教育教学活动，使全体师生都能明确负责工作的质量要求和质量职责。

（三）教育教学质量管理体系的过程性和整体性

传统教育教学质量管理根据学校的教育教学责任不同被分割成教学管理、学生管理、科研管理、后勤管理、就业管理等几项内容。这种划分既没有重视各组成部分之间的关联，也不重视从学校整体质量提升上考虑问题。卓越绩效模式下的教育教学质量管理体系认为，构成学校教育教学质量管理的各部分之间应该是既相对独立又有所联系的，教育教学质量管理体系应当既包括构成教育教学质量管理的各要素，也包括各要素之间的联系与相互关系，使各要素在开展教育教学质量管理工作的时候呈现出明显的过程性。过程性意味着学校在开展教育教学质量管理时，整个管理过程都是为了教育教学质量这个管理目标而设定的，因此具有很强的整体性。

（四）教育教学质量管理体系的动态性

教育教学质量管理体系在建成后并不是一成不变的，而是要随着学校外部客观条件和内部发展需求的变化而保持动态的变化。传统的教育教学质量管理体系由于对各构成要素的质量无法量化观测和量化对比，对管理体系的动态性持续改进无法得出有效的判断和指引，降低了学校应对内外部环境改变的效率。卓越绩效模式下的教育教学质量管理体系可以准确地研判学校内外部环境的变化，在整个质量管理过程中不断地开展动态的反馈和持续改进，调整管理体系下的各个要素，使学校可以持续改进，适应社会环境和学校内部环境的变化。

（五）教育教学质量管理体系的实践性

传统的教育教学质量管理体系由于没有制定明确的质量标准、岗位职责和流程标准，虽然名义上学校存在质量管理体系，但是在实际运行中缺乏可操作性，大多成为纸面管理，无法发挥教育教学质量管理的作用。传统教育教学质量管理体系还缺乏"反馈＋改进"的持续动态调整机制，在实践过程中无法获得各部门教职工的信息反馈，影响管理体系的改进与运作。

卓越绩效模式下的教育教学质量管理体系突出以教育教学实践过程为关注点，明确了学校各机构岗位的工作职责，确定了战略目标和各项可观测的质量标准，使教育教学质量管理体系有了实际可操作性，实现了纸面管理文件与管理实践的真正统一。

四、学校教育教学质量管理体系的动力机制

（一）来自政府方面的动力

来自政府方面的动力主要来自两个方面：一方面是政府需要形成的动力，这种动力来源于不同时期政府对学校质量办学的不同要求。职业教育和学校是国家教育事业的重要组成部分，其办学方向和办学目的都受到国家和政府意志的制约，如坚持社会主义办学方向、坚持贯彻落实党和国家教育方针政策等。除了这些共性的要求外还有与时代发展相适应的要求，如职业教育刚刚兴起的时候，国家和社会对学校的需求是规模发展，必然要求与规模发展相适应的教育教学质量管理体系。近年来，随着职业教育的发展，尤其是国家职业教育改革实施方案的提出，规模发展逐渐开始转为质量发展，因此，学校要根据国家要求，探索导入卓越绩效管理模式，开展全过程的教育教学质量管理。

另一方面是政府评估形成的动力。这种动力来自国家政府和教育管理部门

对学校组织开展的各类核查和评估活动，如教育教学合规评估、星级学校评估、质量诊断与改进评估等，根据核查和评估性质又可以分为合格评估（以判定合格与不合格为主，不涉及排名）、排名评估（以判定各学校之间的排名为目的）、专项行动落实评估（以促进专项行动落实为目的）等。我国学校尤其是公办学校目前的办学仍然存在强烈依附政府和教育管理部门的情况，即使是民办学校，也离不开政府和教育管理部门的支持。同时，这些检查和评估往往还附带各种类型的奖励政策，因此，由政府和教育管理部门组织的各类检查和评估就成为学校必须重视的活动。

正因为这些检查和评估事关学校教育质量的判定，对学校的社会声誉有巨大影响，因此，学校一方面要根据这些检查和评估的要求来加强学校教育教学质量管理，另一方面又要通过这些检查和评估所得出来的结论，了解自身与政府要求和标杆学校之间的差距，自觉地完善教育教学质量管理、加大办学投入、改善办学条件、提升办学质量。所以说，来自政府方面的动力是学校健全教育教学质量管理体系、提升教育教学水平和人才培养水平最重要的外部动力。

（二）来自市场方面的动力

来自市场方面的动力也是一种外部动力，同样分为两个方面。一方面是学校开展校企合作、产教融合下市场的动力。当前，学校开展校企合作、产教融合，提升学校实习实训质量和人才培养质量。《国家职业教育改革实施方案》特别要求，要促进产教融合校企"双元"育人，要开展校企现代学徒制和企业新型学徒制试点，全面推动校企深度合作。校企合作水平是反映学校教育教学水平的重要指标，办学水平和人才培养质量高的学校在校企合作质量和水平上也会更高。因此，促进校企合作的深入发展，迎接市场对校企合作质量的考验，是学校开展教育教学质量管理、提升教育教学质量的动力之一。

来自市场方面动力的另一方面就是市场对学校培养的毕业生的评价。职业教育和学校最重要的职责就是培养适应当今社会市场需求的技术技能型人才。可以说，相对普通教育而言，职业教育就是一种与市场对接的教育。培养的毕业生质量是否满足社会和市场的需要，从本质上来说也是社会和市场对学校教育教学和人才培养质量的重要考察与评估。毕业生质量差，无法满足社会和市场的需求，势必会影响就业率，进而影响学校的社会评价和社会声誉。而学校招生情况又与学校的社会评价以及社会声誉息息相关，招生、人才培养和就业都是社会和市场对学校质量评价的一部分。可以说，市场就是学校教育教学质量管理水平和人才培养质量最大的也是最重要的评价方，市场需求决定了学校教育教学必须与之相适应，市场就是学校提升教育教学质量管理水平的重要动力。

（三）来自经济和科技方面的动力

经济和科技的发展是学校外部环境的重要组成部分。学校的生存和发展在一定程度上是由社会经济和科技的发展程度决定的，社会经济和科技的发展是学校质量发展的重要动力。来自经济和科技方面的动力，一方面是指随着经济和科技的发展，学校在教学资源、教学手段、教学内容等方面都得到了充实和发展，如移动互联网和 5G 技术的铺开使学校在线直播和远程教育成为可能，VR（虚拟现实）技术的发展使学校学生能够更直观地开展成本更低的实训操作。经济和科技的发展同时还促使新的教学技术和教学设备的出现，为学校更好地开展教育教学、服务人才培养质量提供了物质保证。

另一方面，经济和科技的发展使新产业不断涌现，使旧产业落后消亡。产业转型升级使高技术应用型人才需求不断扩大，对产业工人的技术技能水平、团队协作能力以及心理承受能力的要求不断提高。而学校就是高技术应用型人才的主要提供者，因此，学校必须正视经济和科技发展对于教育教学质量和人才培养的新要求，要主动改革教育教学质量管理体系，以社会发展和经济建设的需求作为人才培养的出发点，使人才培养质量与经济科技发展相适应，不断提升学校的办学质量。

（四）来自学校自身发展的动力

学校人才培养质量受到政府、市场和社会影响的同时，学校本身也具有建立卓越绩效模式下教育教学质量管理机制的内在动力。这种动力表现在，一方面，学校领导层有强烈的责任感和质量观念，树立了强烈的质量意识，愿意也有能力开展质量战略管理，制定和实施战略规划，带领学校全体教职工建立卓越绩效模式下教育教学质量管理体系，全面提升学校教育教学质量和人才培养质量。另一方面，全体教职工在学校领导层的带领下，自发地推动学校建设教育教学质量管理体系。学校教职工应该意识到，卓越绩效模式下的教育教学质量管理体系既强调教育教学过程的质量，也强调教育教学结果的质量，更强调教育教学主体也就是教职工的质量。教职工的质量是新时代教育教学质量管理体系中的关键一环，学校的全体教职工要时刻牢记自己在教育教学质量管理体系中的关键地位，自觉提升自己的教育教学水平，牢固树立质量意识和竞争意识，贯彻落实学校关于教育教学质量提升的各项决定，使自己成为学校建设新时代教育教学质量管理体系中重要的内部动力。

（五）来自学校质量文化的动力

如果前面的四个动力来源都属于物质动力范畴，那么学校质量文化就属于建设卓越绩效模式下的教育教学质量管理体系的精神动力。相比学校教学质量、教学设备、师资队伍、教学管理等物质方面的建设，学校质量文化这种精神方面的建设同样重要。

学校质量文化是学校校园文化的核心，是学校在教育教学工作中所形成的质量意识、质量精神、质量行为、质量价值观、质量形象以及学校人才培养质量等要素的总和。

学校的质量文化作为一种特殊的文化现象，有其自身独特的结构化特征。从构成层次上看，学校质量文化的结构化特征由物质层面、行为层面、制度层面和道德层面构成，这四个层面按照从低到高的顺序共同组成了质量文化金字塔。

学校全面质量价值观包括以社会为对象的学校整体质量价值观（即学校应当以实现社会对学校办学质量和人才培养质量的需求为最终目标的价值观）、

以学校为对象的教职工质量价值观（即学校的全体教职工应当以满足学校提升教育教学质量和人才培养质量需求作为工作的最终目标）和以学校教职工自身为对象的质量价值观（即教职工要意识到自己也是学校质量文化的一部分，要不断地加强自身教育教学水平，提升教育教学质量，满足社会和学校对教职工的需求）。

教育教学质量意识是学校建设卓越绩效模式下的教育教学质量管理体系精神动力的根本来源，是学校组织开展一切教育教学活动的精神基础。学校要有质量战略意识，包括确定学校使命、价值观、战略制定、战略规划、战略实施和战略控制等，即将学校的规划与发展都视为提高教育教学质量的一部分。学校有质量竞争意识，这是由卓越绩效模式的本质要求决定的。学校要通过制定测评绩效标准，主动对标标杆学校与竞争对手，充分参与社会和学校之间的竞争，促使教育教学质量持续提高。学校还要培养全员质量参与意识。质量文化是全校性的文化，教育教学质量也需要教职工全员的参与，因此，在精神层面建设全员参与的质量意识是开展质量文化建设的必然要求。

质量制度文化包括确定性的质量制度文化和非确定性的质量制度文化。确定性的质量制度文化主要载体和体现包括学校教育教学管理制度、管理规定、管理条例和实施办法等各项明确的规章制度，这些规章制度通过规则来体现质量文化。非确定性的质量制度文化则主要指学校内部或教职工之间约定俗成的规则或者规范，这种规则规范虽没有明文规定，但是得到了教职工的广泛遵守，因此也可以认为是质量制度文化的一部分。

第二节　卓越绩效模式下教育教学质量管理运行和约束机制

教育教学质量管理体系是学校为了建立教育教学质量方针和教育教学质量目标，经过质量策划而将管理职责、资源管理、产品实现、测量、分析和改进等几个相互关联或相互作用的一组过程有机组成的一个整体。

质量管理体系的概念从企业管理而来，原指企业在质量方面指挥和控制组织的管理体系。学校将这个概念从企业引入后，形成了学校教育教学质量管理体系，也叫作教育教学质量保障体系。在实践中，学校尝试使用全面质量管理与国际标准化组织质量管理和质量保证技术委员会制定的 ISO9000 族系列标准来制定教育教学质量标准，这种传统构建方式取得了相当大的成功，但是也暴露了明显的问题。随着中国社会经济的持续发展和产业转型升级进程的加快，学校导入卓越绩效模式，构建卓越绩效模式下教育教学质量管理体系是未来的发展趋势。

一、学校传统教育教学质量管理体系的问题

（一）对质量的概念和内涵认识不足

学校传统教育教学质量管理体系最突出的问题就是对质量的概念和内涵认识不足。ISO9000 族系列标准更多的将关注放在产品和服务质量上，对学校来说就是关注学生教学质量和就业质量。这导致学校在开展教育教学质量管理时，对质量管理的主体认识不全面，容易把教育质量和教学质量混为一谈，认为质量只是学生课堂教学质量，质量管理也只是教学部门、教学管理部门和学生管理部门的职责，和其他职能部门没有直接关系。学校没有形成全员质量管理的意识，非教学和学生管理部门质量意识不足，没有形成学校利益相关方，如企业、学生家长等共同参与的质量管理意识。

（二）质量管理体系可操作性不足

传统教育教学质量管理体系没有形成全过程的质量管理意识，自然就没有制定全过程的质量标准。质量标准往往存在不可量化、不可测量等问题，也没有建设统一的教育教学质量管理机构。学校无法通过教育教学质量管理体系对学校教育教学质量做量化观测与自我评估，只能依靠政府、教育主管部门或者第三方机构开展的外部检查和评估，丧失了主动评估、自我修正的能力，妨碍了学校的自我发展。

（三）质量管理体系信息收集处理能力不足

传统教育教学质量管理体系没有形成统一的质量管理机构，也缺乏统一的质量信息获取和处理机制与机构。即使近年来学校在校园信息化建设上的投入逐渐加大，大部分学校的信息系统仍以教学系统为中心，其信息收集能力也仅限于教学数据，对学校其他方，如行政管理、科研合作、后勤服务、国际交流等重要方面数据收集和处理能力明显不足。既无法对学校各项工作的质量数据进行监控和评估，也无法根据数据给予学校领导层反馈和建议。

二、卓越绩效模式下教育教学质量管理体系构建的重要理念

（一）形成全员全过程质量意识是构建卓越绩效模式下教育教学质量管理体系的精神基础

系统视野是卓越绩效模式的核心观念之一。这个核心观念要求学校包括教育教学在内的所有工作应该具有系统性、整体性和一致性。系统性要求学校教育教学管理过程中所有参与部门、教职工必须具有系统的而又有质量的质量意识。学校所有部门和教职工都是管理体系的一部分，接受体系的策划、运行和评价，共同构成一个系统。整体性要求教育教学质量管理体系将学校视为一个整体，在这个整体下面的各个组成部分都应当服务于整体的战略目标、战略决策和战略规划，都应该为了整体的卓越而追求个体的卓越，以整体的绩效目标为目标追求个体的绩效目标。一致性要求学校要形成一个共同的教学战略目标，通过教育教学质量管理体系，各部门和全体教职工在工作上协调一致，共同推进学校教育教学质量的提高。

因此，要构建卓越绩效模式下教育教学质量管理体系，首先应要求全校教职工形成全员全过程的质量意识，每个人都要充分理解质量管理对学校发展的重要价值和重要意义，自觉地承担质量管理责任，主动寻求教育教学能力和水平的提升，以及各部门和全体教职工质量管理意识和水平的共同提升，这样才能保证学生在整个教育教学过程中的人才培养质量得到提升。同时，学校与企

业的"产品"又有所区别，学生并不是纯粹意义上的产品，相比企业的产品和服务，学生本身也应该存在质量意识，学生既是教育教学质量管理体系的被管理者，同时也是自我管理者。因此，学校也要对学生本身开展质量意识教育，使学生认识到服从管理、主动学习、提高学习质量的重要意义，最终形成教职工和学生共同的全员全过程的质量意识。

（二）领导的决策和领导力是构建卓越绩效模式下教育教学质量管理体系的决定因素

领导是卓越绩效模式的核心观念之首，学校无论是实行校长负责制、党委领导下的校长负责制还是董事会领导下的校长负责制，学校的领导都是一个学校构建卓越绩效模式下教育教学质量管理体系的关键性因素。作为学校的决策和管理核心，学校领导应具有优秀的道德品质和人格魅力，有强大的号召力、领导力、进取心、创新意识和战略决策能力，同时，也应具备一定的教育教学能力。学校领导凭借这些能力能够研判学校目前的战略位置，进行战略决策，为学校确定明确的社会定位、发展目标和发展方向。他们应该能够团结带领全校师生员工，形成全员全过程的质量意识，共同构建卓越绩效模式下教育教学质量管理体系。

（三）形成教育教学质量的持续改进是构建卓越绩效模式下教育教学质量管理体系的重要目的

持续改进是卓越绩效模式的核心观念之一。与传统教育教学质量管理体系只能依靠外部评估结果带来的被动改进方式不同，在卓越绩效模式教育教学质量管理体系下，通过主动制定可观测可评估的教育教学质量标准，学校应该明确各部门和工作岗位职责，厘清教育教学管理流程，形成一套有效的教育教学质量指标考核与评估机制。通过对比教育教学质量标准和实际质量指标考核结果，可以明确学校在当前教育教学工作中存在的不足和短板，有针对性地加以改进。这种主动的、持续的改进是学校构建卓越绩效模式下教育教学质量管理体系的重要目的，可以让学校拥有主动观测和评估教育教学质量的能力，源源不断地给学校提供发展内生动力。

（四）深入开展校企合作、产教融合是构建卓越绩效模式下教育教学质量管理体系的重要方面

针对当前我国进入新的发展阶段，产业升级和经济结构调整不断加快，各行业对技术技能人才需求越来越紧迫的客观现实，《国家职业教育改革实施方案》指出，学校要深入开展校企合作，尤其是要开展产教融合校企"双元"育人，主动与企业在人才培养、技术创新、就业创业、社会服务、文化传承等各领域全面加强深度合作，校企共同打造高水平实训基地，共同打造"双师型"教师队伍。提高学校人才培养质量，关键在开展校企合作、产教融合的深度和广度。学校要严格贯彻落实实施方案的要求，主动与企业共同开展现代学徒制试点等"双元"育人探索，通过专业、课程、师资和实训基地的建设，共同提高学校的教育教学质量和人才培养质量。

（五）建立健全学校毕业生就业质量双反馈机制

这是构建卓越绩效模式下教育教学质量管理体系的重要补充。

学校毕业生就业质量双反馈机制是指学校同时开展毕业生就业质量的反馈以及用人单位对学校毕业生就业质量的反馈接收工作。毕业生就业质量的反馈接收工作需要了解毕业生就业单位的信息、专业对口度、薪酬与福利情况以及学生对用人单位的评价；用人单位对学校毕业生就业质量的反馈接收工作需要了解用人单位对毕业生职业道德、专业素养、工作能力和工作态度的评价。毕业生和用人单位的双反馈体制可以使学校充分了解毕业生的就业质量，以及用人单位对毕业生的要求，为改进和提高教育教学质量，确保培养出符合市场和企业需求的高质量毕业生提供了数据支持。

传统的教育教学质量管理体系在毕业生就业质量反馈机制建设上是一个短板，一般仅仅开展就业率调查，无法获得明确的就业质量反馈数据，也无法形成就业质量的持续改进。因此，学校要在思想上重视毕业生就业质量统计，加强毕业生就业质量双反馈机制的制度以及机构建设。学校要完善负责毕业生就业质量双反馈机制的机构建设，探索利用大数据中心和数据平台等开展毕业生就业质量双反馈统计的新方式和新渠道。

三、卓越绩效模式下教育教学质量管理体系构建的重要关注点

（一）以社会和用人单位为关注点

学校构建教育教学质量管理体系，提升教育教学和人才培养质量，从根本上都是为了培养出更好的技术技能型人才，满足社会和用人单位的需求。因此，除了学校对教育教学质量和人才培养质量的自我评估、政府和教育主管部门的外部评估外，社会和用人单位才是学校人才培养质量的最终评估者。因此，学校一定要首先以满足社会和用人单位对毕业生质量需求为工作目标，开展教育教学的各项活动。为此，学校应当建立健全毕业生就业质量双反馈机制，开展毕业生就业质量的双向评测，了解社会和用人单位对学校毕业生的评价、需求和期望，确保与用人单位保持有效的双向沟通，加强与用人单位的联系，使学校教育教学质量和人才培养目标与社会和用人单位的需求相适应。

（二）以毕业生双证率为关注点

毕业生双证即毕业生在毕业的时候同时拥有的毕业证和与专业相关的职业资格证。学校主要培养面对生产一线的技术技能型人才，评判技术技能型人才的培养质量，是否获得相应专业的职业资格证书是一个重要评价标准。虽然我国职业资格证书制度已经实施多年，但是由于政府和教育主管部门在对学校教育教学和人才培养质量检查和评估中，对毕业生的双证率一直没有明确的硬性要求，致使部分学校出现毕业生双证率较低，不重视职业资格证培训考核等情况，与社会以及用人单位对毕业生质量的需求相背离。

因此，《国家职业教育改革实施方案》明确提出了深化复合型技术技能人才培养培训模式的改革，参照国际职业教育培训的普遍做法，启动"1+X"证书制度试点工作。"1+X"证书制度试点是对传统双证书制度的再确认和再提升，从传统的毕业证加职业资格证的两证变成毕业证加 X 的多证书制度，这个X 可以是一个职业资格证，也可以是多个职业资格证，多证书制度符合社会和用人单位对复合型技术技能人才的需求。学校要充分意识到"1+X"证书制度

的重要性，贯彻落实国家教育方针要求，主动申请参与"1+X"证书制度试点，主动对接试点单位和试点企业，共同开展职业资格证的培养与考核工作，进一步提升学校的教育教学水平和人才培养质量。

（三）以学校领导的作用为关注点

上文我们已经讨论了学校领导在构建卓越绩效模式下教育教学质量管理体系中的地位和作用，学校领导应当确定学校的质量目标、质量规划，带领全校师生员工共同建设和完善卓越绩效模式下教育教学质量管理体系，同时不断地开展自我评价和持续改进。

（四）以学校全员全过程参与为关注点

学校全员全过程参与就是要求全体教职工了解自己的岗位职责和工作质量标准，清楚质量管理流程，主动参与人才的全过程培养，主动参加学校培训，增强自身的教育教学水平。

（五）以质量过程管理为关注点

卓越绩效模式下教育教学质量管理体系要求对人才培养的全过程进行管理，这就必然要求形成必要的教育教学质量过程监控机制。过程监控机制要明确学校教育教学和人才培养的流程、负责部门、责任人、各组成部分的相互结构，要制定每一个流程要素的质量标准，确定实际质量观测数据的收集方法和数据反馈方式，最终将所获得的质量数据与质量标准进行对比，形成持续改进的质量过程管理机制。

（六）以系统管理为关注点

卓越绩效模式认为，学校教育教学是一个系统工程，构建教育教学质量管理体系并维持其有效运转同样也是一个系统工程。因此，学校要围绕确定好的战略规划和战略目标，了解教育教学管理系统构成的各个要素，了解开展质量活动的整个过程以及这些活动过程之间的关系与影响，这有利于学校对管理系统开展考核与评估。

（七）以持续改进为关注点

持续改进是卓越绩效模式区别于传统管理模式的突出特征，学校要通过制定详细的质量标准和质量考核方案，不断地开展自我考核和自我提升，推进学校教育教学质量的持续改进。

（八）以实际质量数据为关注点

卓越绩效模式下教育教学质量管理体系运行的有效性以及持续改进的特点本质上都依赖于大量正确的质量观测数据。质量观测数据包括与学校开展质量活动的过程和结果有关的各种材料和信息，这些材料和信息是质量活动过程和结果的载体，可以客观反映质量活动的有效性和真实性，是经过反馈、对比质量标准达成持续改进的重要依据。因此，学校一是要确保获取的数据真实可靠，二是要通过质量机构及时发布质量活动的相关数据，三是要合理利用获取的数据为教育教学质量持续改进提供分析和改进的依据。

（九）以就业质量为关注点

前文已经提到学校就业质量的重要性，学校除了要关注毕业生的总就业率外，还需要特别关注毕业生就业质量的相关指标，如就业专业对口率、毕业生待遇和毕业生发展前景等。要将毕业生就业数据作为专业设置、课程建设、实训基地建设、学风建设的重要参考。

（十）以校企合作、产教融合为关注点

当前，在社会经济发展的新阶段，校企合作、产教融合成为提高学校教育教学质量的一个突出的重点工作。学校要顺应国家教育方针政策的要求，与合作企业在传统的"八个共同"基础上，进一步合作探索校企联合"双元制"育人、现代学徒制育人，共同开展实训基地建设和"双师型"师资队伍建设，提高学校的教育教学质量。

四、卓越绩效模式下教育教学质量管理体系的机构建设

（一）质量管理监控部门

如部分学校设立的质量控制中心、质量控制办公室等，其职责是根据学校战略目标和战略规划，研究国内外对于教育教学质量管理的最新理念和发展方向；负责组织各部门制定学校各项工作的质量标准，制定学校教育教学质量管理的实施方案，组织开展学校教育教学质量检查与评估；汇总和分析一线的质量管理实施部门提交的质量活动实际观察数据，对比质量标准后形成质量评估报告，作为学校持续改进教育教学质量的依据。

（二）质量管理实施部门

质量管理实施部门包括二级学院（系部）、教务处、学生工作处、团委等一线教育教学和管理部门。质量管理实施部门直接负责落实学校教育教学质量管理方案，开展各种类型质量活动的部门，具体负责教育管理、教学管理、学生管理、学生活动管理、学生心理健康管理等工作，同时也负责收集与上报与学校质量活动相关的观测数据。

（三）质量管理咨询与支持部门

质量管理咨询部门包括教学学术委员会、专业指导委员会、督导处等部门，主要任务是指导学校制订教育教学计划，调整专业和课程设置，完善各专业的人才培养方案，对学校各专业的人才培养、教育教学管理和教学大纲提出意见和建议。质量管理支持部门主要是学校信息中心等质量数据的收集与处理部门，主要负责在技术上为学校构建和实施教育教学质量管理提供现实观测数据处理等工作。

五、卓越绩效模式下教育教学质量管理体系的质量标准

学校能够成功导入卓越绩效模式，是因为从生产要素来看，学校与企业生

产直接存在诸多相似之处，如同样拥有教职工、教学设备、行政管理系统和人员等输入要素，也有毕业生、教学服务、培训服务等输出要素。学校的校园建设、专业设置、课程设置、招生录取、师资队伍、教学仪器、教学计划、教学活动、校园文化、后勤管理、质量管理、毕业就业等人才培养的主要环节都可以在企业生产中找到对应之处。但是，与企业的产品和服务是纯输出要素不同，学校的学生有其特殊之处，作为学校人才培养的结果，它属于输出要素，作为学校教育教学过程的接受者，它又属于输入要素。因此，学校的人才培养要比企业生产更复杂，它涉及人的能力培养，更涉及人的思想培养。因此，学校导入卓越绩效模式，构建绩效模式下教育教学质量管理，要特别重视学生这个特殊的要素，以学生从入校学习到毕业就业的全过程作为教育教学质量管理的全过程，分析这个教育教学全过程中的各个重点环节，以此为基础作为学校教育教学质量管理体系的质量标准。一般而言，学校教育教学和人才培养的重点环节应该包括学校管理、教育管理、实训管理、学生管理、师资管理、后勤管理和实习就业管理七个部分。学校应该以这七个重点环节所包含的质量要素为中心，围绕人才培养质量的中心任务来制定相应的质量标准。

（一）学校管理

学校管理也可以看作是学校行政管理，其质量要素主要是学校办学方向、办学理念和战略规划，其作用是统一全校师生员工思想，使全校师生员工团结一致，在实践上引领学校发展，指明学校前进的道路。其质量要素包括学校的使命、愿景和价值观的确立，确定学校战略目标和战略规划，以及战略规划下的中长期发展规划和各子规划。学校管理还包括制定学校人才培养方案，明确学校各教学部门和职能部门的岗位职责与责任义务，明确教职工和学生权益及其保护措施。

（二）教育管理

教育管理是学校教育教学管理和人才培养的中心工作，同时也是最重要的质量要素。教育管理决定着学校教学的质量和水平，直接影响学校的人才培养质量和教育服务质量。其质量要素包括：在专业上形成根据市场需要设置专业的机制，使专业设置与市场需要和产业发展趋势相适应，能够及时根据市场和产业发展增加新专业与删减旧专业，能够根据市场要求制定各专业的人才培养方案、确定课程设置及选用适合的教材；在教学计划上能够制定教学大纲、教学计划，能够及时根据市场环境的变化修订教学大纲和教学计划；在教学过程上能够完成各门课程的教案等各项教学材料的准备，严格根据计划组织学生开展实习、毕业课程设计等教学活动，组织教职工开展听评课、集体备课等教学学习活动；在教学反馈上，组织开展期中和期末教学检查，严格考试过程管理，确保教学与考试各项材料齐全，组织学生开展学生评教活动。

（三）实训管理

实训管理是当前职业教育和学校提升人才培养质量的重要手段和关键环节。根据国家教育方针要求，学校学生实训管理应分为校内实训管理与校外实训管理。校内实训管理是传统的实训教学环节，包括确定各专业实训计划，制定各实训基地和实训室的操作规程和安全制度，完善实训室教学仪器设备配置，提升校内实训基地和实训室的规模，完善实训工位设置、实训管理教师配备等。校外实训管理就是深入开展校企合作，产教融合，学生到企业开展顶岗实习和跟岗实习，其要素包括合作企业的数量和质量，与企业合作产教融合的深度和广度，企业实习实训环境、地点和实训仪器配备情况，校外实习实训教师的配备，校外实习实训项目课题的制定与考核，校外实习实训的安全规定与处理方案等。

（四）学生管理

学生管理是七个重点环节中最复杂的，作为直接与学生接触的环节，学生管理在处理好学生的日常事务之外，还承担着对学生开展思想道德教育的重任。其质量要素包括：在招生质量上，确定招生计划与招生宣传材料，提升招生的质量和学生生源质量，开展新生体检和新生入学培训；在学生日常行为管理上，制作学生手册，明确学生在学校的言行举止等相关规定与奖罚措施，组织开展奖助学金评审工作，关注贫困学生；完善学生宿舍管理制度，保证校园安全稳定，做好学生违纪处理。

（五）师资管理

学校师资队伍管理与学校人才培养质量有直接关系，教师是学校开展教育教学管理的直接实施者，学校其他方面的质量管理最终都要通过教师对学生起作用，师资队伍质量从某种意义上来说也等同于学生培养质量。师资管理的质量要素包括教师队伍建设的中长期规划，教师队伍培训的中长期规划，师资引进、培养的总体方案，教师队伍福利待遇的相关制度，学校教师队伍数量、结构的测定，教师队伍考核制度与奖惩机制。

（六）后勤管理

学校的后勤管理直接与学生的学习和生活环境相关，后勤管理质量的高低决定了学生是否有良好的环境安心学习生活，对学校的安全稳定和学生人才培养质量有重要影响。其质量要素包括：学校宿舍的供给情况，宿舍热水、电力、洗浴等设施设备的配备情况；校园安全治理能力，校园绿化水平；学校校园除教学和实训场所外，其他配套设施，如超市、食堂、医院、体育场所等建设配套情况等。

（七）实习就业管理

实习就业管理长期以来被学校和上级教育管理部门所忽视，造成了众多的实习就业乱象，严重影响了学校人才培养质量。近年来，国家对实习就业管理质量愈发重视，学校要正视实习就业管理在学校人才培养上的重要作用，严格学生实习就业管理。其质量要素包括：在实习上完善认岗实习、跟岗实习和顶岗实习的安排，将实习与校外实训联合开展，视为教育教学的一部分，做好实习成绩的评定与奖惩；在毕业生服务上，完善学生毕业离校程序，做好毕业生就业能力培训和就业政策宣导，组织开展双选会等求职活动，为毕业生提供更多的就业选择机会，建设毕业生和用人单位双反馈机制，关注毕业生就业质量。

学校可以通过人才培养重点环节所包含的质量要素，组织制定相应的质量标准，作为学校教育教学和人才培养质量的参照指标。

六、卓越绩效模式下教育教学质量管理体系的宣传与培训

学校在明确卓越绩效模式下教育教学质量管理体系负责部门、确定人才培养相关质量标准后，第一步就是要在全校范围对全体师生员工开展宣传和培训，通过海报、专题会、宣讲会等方式让学校师生员工理解构建卓越绩效模式下教育教学质量管理体系的目的和意义，了解学校教育教学质量管理体系的基础知识和运行方式，明确学校的质量战略目标和质量战略规划等。

学校还需要通过层层专题培训组织各部门领导和员工重点学习培训，一是重点学习学校关于教育教学质量管理体系的相关制度文件。教育教学质量管理体系的相关制度文件是对学校质量管理体系的科学总结和科学描述，是学校开展教育教学质量管理的依据，必须重点学习掌握。二是学习学校与本部门的质量职责相关的质量标准、质量目标。各部门领导和教职工要明确自己的岗位职责、岗位质量标准、相关工作流程以及质量管理相关操作，同时还要了解学校教育教学质量考核与反馈机制，清楚学校质量考核的负责部门与考核流程。

学校还需要通过宣传培训组建学校内部的教育教学质量管理审查考核队伍。卓越绩效模式下的教育教学质量管理体系与传统管理体系相比最突出的就是学校可以自主地开展内部质量审查和考核。内部质量审查和考核根据学校实际情况安排，一般来说每年至少开展一次，单纯依靠质量管理部门是不够的，考核必须在各个部门培训相应的工作人员，通过内部培训和外部送培，完善学校内部教育教学质量审查和考核队伍建设。

七、卓越绩效模式下教育教学质量管理体系的约束机制

教育教学质量管理体系的约束机制主要指学校要建立教育教学质量管理体系审查监控机制，通过监控审查，证实质量体系的有效性，并针对发现的问题及时采取纠正措施和预防措施，确保体系能够有效运行和持续改进。

（一）审查监控机构

学校对教育教学质量管理体系的审查监控机构一般由学校一位领导负责（可以不是学校校长），具体事务由教育教学质量管理机构，如质量管理办公室负责。质量管理办公室等质量管理机构代表学校领导，负责整个学校教育教学质量管理体系的运行监控审查。

（二）审查监控的运作方式

开展内部质量审查监控是卓越绩效模式标准对比与落后赶超机制的客观要求，有利于使学校领导充分认识学校教育教学和人才培养质量的不足之处，可以有针对性地对质量短板进行纠正和提高，缩短与竞争对手的差距，为持续改进和最终赶超提供依据。根据学校的客观条件，一般一年至少开展一次。

审查监控的运作方式有两种：一是主动监控和审查，由质量管理机构与各部门的质量管理专员一同根据学校教育教学质量标准，对学校各部门和全体教职工履行质量责任的情况以及质量管理体系运作情况做全面的审查与考核，分析比对审查和考核情况，将结果上报学校领导，作为学校领导层修订质量管理体系、制定方案提升质量指标的依据。二是被动监控和审查，质量管理机构通过公布教育教学质量问题反馈电话、邮箱的方式，接收学校全体师生、政府、企业等学校利益相关方关于学校质量管理方面的所有投诉、意见和建议。对于质量管理机构的投诉要责成相关部门予以解决、及时反馈，并与意见和建议一起汇总分析后报学校领导，作为改进学校教育教学质量管理体系的参考。

参考文献

［1］王睿垠，冯放，金长江，等.现代教育技术与大学物理教学交互对接的研究与实践［J］.创新创业理论研究与实践，2023，6（15）：175-177.

［2］葛邵飞.探微现代教育信息技术与高校数学教学的整合［J］.中国多媒体与网络教学学报（中旬刊），2023，（05）：101-104.

［3］陈京.“大思政课”视域下现代教育技术助力高校思政课教学模式改革［J］.郑州铁路职业技术学院学报，2023，35（01）：78-80.

［4］董小瑜.现代教育技术环境下培养学生创新专业素养的探究［D］.云南师范大学，2007.

［5］王楠.现代教育理念下高校思想政治理论课教学方法改革路向研究［J］.中国军转民，2022（12）：74-76.

［6］郤玲.高校美术教学与现代艺术的关系［J］.美术教育研究，2022（06）：140-141.

［7］王洪丽.现代教育理念下的高校扬琴教学优化模式探究［J］.大众文艺，2021（18）：158-159.

［8］徐明胜，吉朝霞.现代教育技术在高校舞龙技术教学训练中的运用［J］.当代体育科技，2021，11（17）：179-181.

［9］季乐胜.美术教育课程教学方法分析——评《美术教育课程与教学方法探究》［J］.教育发展研究，2021，41（11）：85.

［10］袁梦，娄思思.现代教育技术在高校语文教学中的运用［J］.汉字文化，2021（06）：32-33.

［11］郑育.中国古代音乐美学对高校音乐教育的影响研究［J］.黄河之声，2020（21）：32-33.

［12］刘方玉.浅谈现代教育技术条件下中等职业学校商贸教学设计［J］.现代职业教育，2020（42）：18-19.

［13］李斐.高校师范生现代教育技能培养的新路径［J］.继续教育研究，2020（06）：47-50.

［14］徐明成.现代教育技术发展背景下高等学校教学管理信息化问题研究［J］.郑州师范教育，2020，9（05）：5-8.

［15］杨猛进.学校应用多媒体和校园网现状及对策［J］.中国教育技术装备，2020（17）：10-12.

［16］张徽徽.现代教育技术在高校散打选修教学中的实验研究［D］.上海体育学院，2020.

［17］王义全.高效课堂的理想与实现［J］.教育教学论坛，2020（21）：286-287.

［18］王芳.专业认证背景下学前教育专业现代教育技术课程教学改革研究——以连云港师范高等专科学校学前教育专业为例［J］.电脑知识与技术，2020，16（14）：146-147.

［19］张璐姣.现代教育技术对高校学生体育实践能力的影响［J］.计算机产品与流通，2020（04）：244.

［20］冯军.浅析高校钢琴教学改革中现代教育理论的运用［J］.四川民族学院学报，2020，29（02）：64-67.

［21］宋双华.高等学校录播教室的布置与管理［J］.中国教育技术装备，2020（06）：37-39.

［22］叶铮.广州中职学校旅游专业教学中现代教育技术的应用研究［D］.湖南科技大学，2019.

［23］葛修娟，胡作进．现代特殊教育技术［M］．南京：南京大学出版社：
2019.

［24］汪应，陈光海，韩晋川．高校教师信息化教学能力构成研究［M］．重庆：
重庆大学出版社，2018.

［25］陈光海，汪应，杨雪平．信息化教学理论、方法与途径［M］．重庆
大学出版社，2018.

［26］北京市高等学校师资培训中心．现代教育技术教程［M］．北京：人
民邮电出版社，2016.

［27］李燕梅，杨闽，潘璐璐，陶文玲，杨文明．现代教育技术实用教程［M］.
北京：人民邮电出版社，2014.

［28］刘艳．高师院校“现代教育技术”精品课程建设现状和对策研究［D］.
西北师范大学，2011.

［29］张译．十年树木，百年树人［D］．广州大学，2011.

［30］吕春枝．中国近代教学方法史论［D］．河北大学，2008.